带你感受文化的、自由的、承前启后的语文教育

我在台湾教语文

逆向思考读寓言

高诗佳◎著

台海出版社

图书在版编目（CIP）数据

逆向思考读寓言 / 高诗佳著. — 北京 ：台海出版社，2015.1
（我在台湾教语文 / 赵涛，李金水主编）　　（2020.1重印）
ISBN 978-7-5168-0560-2

Ⅰ．①逆…　Ⅱ．①高…　Ⅲ．①阅读课－中小学－课外
读物　②作文课－中小学－课外读物　Ⅳ．①G634.303

中国版本图书馆CIP数据核字（2015）第015922号

著作权合同登记号：图字：01-2014-6899

本书为（台湾）五南图书出版股份有限公司　授权　北京兴盛乐书刊发行有限责任公司
在中国大陆出版发行简体字版本

逆向思考读寓言

著　　者：高诗佳
责任编辑：侯　玢　　　　　　　　装帧设计：尚世视觉
版式设计：刘丽娟　　　　　　　　责任印制：蔡　旭
出版发行：台海出版社
地　　址：北京市东城区景山东街20号，　邮政编码：100009
电　　话：010－64041652（发行，邮购）
传　　真：010－84045799（总编室）
网　　址：www.taimeng.org.cn/thcbs/default.htm
E-mail：thcbs@126.com
经　　销：全国各地新华书店
印　　刷：北京彩虹伟业印刷有限公司
本书如有破损、缺页、装订错误，请与本社联系调换
开　　本：150×210　1/32
字　　数：136千字　　　　　　　　印　　张：8
版　　次：2015年5月第1版　　　　印　　次：2020年1月第7次印刷
书　　号：ISBN 978-7-5168-0560-2
定　　价：29.80元

推荐序

创新智慧与阅读启发

　　许多人将"文学"视为吟咏情性的不涉实务之道，或是理解为雕琢修辞、卖弄藻饰的虚无之事；抑或更将"写作"看成是心口不一的夸夸其谈，只需说说大话，搬出一套古圣先贤的大道理就足以服人。但，真的是如此吗？

　　文学与写作固然是由心而发，过程也必然调动词汇与意象来完成精炼有力的言说话语。然而文学与写作在当代，更有着启益智慧、逻辑思绪与昭彰文化修养的诸多意义，因此各级考试重视语文，不废作文的用意，并非全然因依重视"文采"之传统，更有观察一个人是否拥有明晰的思辨能力，是否具备卓越的创新能力，以及是否能够有效表达自我与沟通他人的能力。然这些能力，关乎一个人对信息的理解、判断与活用，以及本身文化素养及世界观的深邃鸿博，此等能力与修养，信非一朝一夕，或是通过填鸭恶补而能培养完成。

　　因此"语文"是我们对世界的观察与描述的过程，而"文学"则是更进一步，通过我们的情感与思想，将"语文"层面的讯息转化为"智慧"，而"写作"则是将这种智慧完整、清晰地表达出来，并产生现实中的积极效应。这是当代对文学应有的认知。

当前的教育虽然重视"语文"这一科目，也强调阅读和写作的重要，但是在当前的教育体制中，"语文"课程因为必须面对时数减少、教师工作繁多等客观限制；同时也因教育必须兼顾整体程度，因此多数课程仍以"语文"及"知识"层面的强化为主，"文学"教育略感不足，"写作"的指导几乎付之阙如。因此在各级考试中，"作文"所呈现的不外词不写意、陈腔滥调及人云亦云等弊病，这不是写作者的问题，乃是整体写作教育的问题。

因此，有心想要增强写作能力，"阅读"固然是自我在体制外持续进步的不二法门，但是"如何阅读"、"如何将阅读内化为智慧与能力"，仍是一值得思考之议题。

本书就是高诗佳老师针对上述议题的一部优良著作。

"寓言"本身就是一种智慧，是古往今来的智士，将玄奥抽象之概念明确化、客观化与趣味化的过程。好的寓言不仅必须切要地指出问题的核心所在，同时也要能掌握人类心智在当下被蒙蔽的原因，也就是对人心人性的清晰洞达。因此寓言没有厉词剧责，却最有说服力；不必长篇大论，却能一语中的。

寓言的智慧沉淀在我们的文化中，许多是我们习以为常而不再深思的观念，然而时代不同，条件有异，对一个我们熟悉的寓言，难道不能有不同的思考与创新的发想吗？已故的大学问家钱钟书先生写过《读伊索寓言》一短文，他举例《伊索寓言》中蝙蝠见鸟就充作鸟，见兽就充作兽，最后终为鸟兽所同弃的故事，说明故事本意虽在劝人不要曲意逢迎，但我们更可从其中看见人类往往反其道而行："在鸟类里偏要充兽，表示脚踏实地；在兽类里偏要充鸟，表示高超出世。"如此则见人类的心机是何等之深。

　　是知"寓言"重在解读，解读的根本则是智慧。本书就是在这个观念下所形成的好书。在一个原本就具有丰富意涵的小故事中，也许更存在着许多值得我们多方玩味的问题。透过对这些小故事的思考与辨证，训练了我们阅读、思考、发现问题、寻绎答案、破除陈规及创新自我观念等多方能力，启发了内在的智慧，让我们对人心人性有更多的体认。这不啻对于写作有所助益，对于我们待人处事，立论人生，应也能提供很多的良好建议与深刻想法。

台湾师范大学中文学副教授

徐国能

寓言、故事与人生

　　从前有一对兄弟，每天一早就得背着一大箩摘采下来的新鲜蔬菜，越过郊区的高山到另一个乡镇叫卖。由于这座山相当的高，他们经常五六点出门，到达另一头时已经是下午一点。日复一日做着这样一份工作，兄弟们虽然慢慢积累了财富，但是只要一遇到酷寒、大暑，总是非常的狼狈不堪。有一天，弟弟感叹的说："如果这座山可以低一点，我们每天就不用那么辛苦啦！"正忙着整理菜的哥哥看了他一眼，笑了笑道："我恨不得这座山是现在的两倍高。"弟弟一听急忙大叫："这样还得了，每天光是爬山就累死啦。"脸上充满笑意的哥哥不疾不徐地说着："如你所说，如果山是现在的两倍高，就不会有人跟我们竞争卖菜啦。这样的话，我们的菜不就可以卖到现在的五倍，甚至是十倍的价格了吗？"

　　上面的这个故事，是一则不折不扣的"寓言"。它透过兄弟间的互动以及日常生活爬山卖菜的行为，希望告诉我们的是："人生在面对许多抉择的时刻，经常需要逆向思考。有时往前看是一片悬崖，往后看却可能是海阔天空。"另外，它还说了一件重要的事："不要害怕艰辛困难的事，因为越困难的事，越少人跟你竞争。与其一窝蜂跟随别人去做技术门槛低的事，倒不如好好提高自己的创意思考和竞争力，非凡的成就经常是由此而来。"从上述的例子我们可以知道，所谓的寓言就是透过情节简单的故事，将原本抽象难懂的深刻意涵，藉由有趣与暗示性的方式，启发、带动我们的思考，让我们见微知著、由小观大、一叶知秋。

好的寓言里头的人物虽然可能很简单，却总撇不开浓厚的故事性与深刻的内涵。说故事与听故事是人类共有的特性之一，这种特性真切地跨越所有文明，贯穿我们已知的历史，也符合每一个人从小以来的经验。当我们还是小孩时，我们迷恋于父母与故事书中讲述的故事。长大后，我们也学习用说故事去表达自己的体验与看法，或是透过故事的说服力达到激发他人的作用。实际上，寓言之所以藉由说故事的方式呈现，主要还在于它所想要传达的思想、观念，经常是不容易或不适合被直接讲述的。套上故事甜美的外衣，那些原本艰涩难懂的哲思，一下子就与我们的生活与日常经验联系起来。这也就是为何，好的寓言总是令人印象深刻，甚或是一再咀嚼而屡有新意。

善于讲述故事的高诗佳老师，这次将经典现代化的脚步伸向了寓言故事。在本书中，她透过一个个兼具古典与现代意义的寓言故事，为我们铺展出有趣、深刻、神秘的故事魔法。在《苛政猛于虎》中，我们看到宁可被虎咬而不愿生活在苛政底下的人们的辛酸。在《邯郸学步》里头，只懂得学表面工夫到最后甚至忘记怎样走路的赵国人，确确实实成了众人的笑柄。在《画蛇添足》中我们不难领略，自作聪明往往会适得其反，让煮熟的鸭子就这么飞了。至于《塞翁失马》让我们重新思考"得"与"失"的哲学，《后羿射不中》告诉我们越重要的事越该撇开得失心的沉重，《选择》要大家学会不要好高骛远。这些寓言故事在小说笔法的重新改写下，不仅具有充足的想象力与创意的思考，也相当具有教育和现代应用的价值。

长年投入教育的朋友们一定深知，阅读与批判能力的培养，是语文和文学教育里头最具重要性的一块。过于艰涩的文言文与现行的考试制度，让我们的孩子很容易就对中文的学习产生深切的畏惧感。这时，若能够透过篇幅简短的寓言，培养孩子对中文阅读的兴趣，那么更深刻的启发也才有进一步的可能。这次诗佳老师在书中，一样搭配了"诗佳老师说"与"漫画经典"的单元，希望用最具趣味与智慧的阅读经验，协助有识的老师、家长，一同带领孩子走入迷人的寓言世界。实际上，这本书不仅适合孩童阅读，对于想要提升人生智慧的成人们，也是一本很好的入门书。喜欢听故事的朋友，不妨就让我们借助寓言的魔法，一同走入中国美妙的经典故事。

虎尾科技大学通识教育中心专任助理教授

王文仁

前言
逆向思考读寓言

高诗佳

一、什么是逆向思考?

木匠带着徒弟经过一棵巨大的栎树，徒弟对树木之大啧啧称奇，路人也好奇的围观，只有木匠瞄了一眼，掉头就走。徒弟看完树后，追上师父问说："徒儿生平没见过这么高大华美的树木，师父怎么都不看就走了呢?"木匠说："这棵树没什么用，做船会沉，做棺材会烂，做器具会碎散，做门窗会流出树汁，做柱子会长虫啊!"到了晚上，木匠梦见这棵大树对他说："你怎么说我没用呢? 假如我像你说的那么有用，不是早就被人类砍了?"

这故事出自《庄子》的寓言——"不材之木"。

别人以"无用"的理由嫌弃树木，庄子却告诉我们："无用之用，方为大用。"一般人眼中的"无用"，却正是树木的价值所在！因为没有什么能比保住性命更"有用"的了！庄子就是运用逆向思考，颠覆了一般的认知。

时光再跳到1968年，当时3M公司的史宾塞·西尔佛博士（Spencer Silver），想要研发全世界最强力的黏胶，却意外地开发出黏性不强的黏胶，这个"失败的"实验品就被放到仓库里，乏人问津，一直到1977年，才被另一位研发人员亚特·福莱（Art Fry）重新发掘。

福莱想到，如果能将这种黏胶用在书签上，就可以解决书签常常掉出书本的困扰，后来他又将黏胶涂在记事的便条纸上，成为"便利贴"。没想到这一产品掀起热潮，让3M公司赚进大把钞票。这是在生活中运用逆向思考的成功例子。

逆向思考可以刺激新的想法，让问题起死回生，创造出更大的价值，运用在阅读和写作上，也能够帮助我们创新观点。如果能跳出习惯的思考框架，聪明地运用逆向思考，用颠覆传统观点的角度，去探索每一个寓言故事、每一篇文章、小说，就能够做一个观点与众不同的人。

二、该怎么思考？

一般的思考方式好比火车的车厢，一个接着一个，有顺序地连接着，每个想法都是从前一个想法而来，比如说看到月亮只能想到月饼、中秋节、烤肉等等，看到巧克力只能想到情人节，无法跳脱出来。

这种惯性的思考方式，犹如透过一条细长的水管看世界，视野狭窄，看问题的角度和范围都受到限制，因此灵活性不足，不容易产生新的想法。逆向思考，则像个胆大而没有顾忌的孩子，具有创造性的破坏力：破坏了传统刻板的观念，却创造出新颖的观点。

有许多代表传统价值观的题目，更适合逆向思考，像成语、故事、寓言、俗语等，平日可以拿来练习"逆向"的阅读技巧，例如：

1. 愚公移山

古代有一位名叫北山愚公的老人，因为屋子前面有太行、王屋两座大山挡了路，出入不便，就决心把山夷平，全家人讨论要将挖出的土石丢到海里。解决了放置土石的问题后，愚公就率领他的儿孙进行移山的工作。智叟听了，讥笑他愚蠢，愚公却回答："我死后还有儿子、孙子，子子孙孙无穷尽，而山不会加高，怎会铲不平呢？"因此每天不停挖山。愚公的精神终于感动了天帝，天帝就派大力士夸蛾氏的两个儿子，把两座山背走了。

一般思考：只看见故事里"人只要持续地努力不懈、不畏艰难，自能成事"的主题，而没有看见问题的另一面。

逆向思考：试着站在智叟的角度看，智叟是否认为"人不能一昧地埋头苦干，却不懂得运用更有效率的做法"？请尝试用对立面的角度翻转问题。

2. 司马光砸缸救人

司马光从小就聪明伶俐，七岁的时候，就如成年人一样稳重。有一次，司马光和一群儿童玩伴在庭院捉迷藏，有一个孩子爬上大水缸，不小心失足掉进水缸里，其他的孩子都吓跑了。司马光急中生智，搬起一块大石头砸破水缸，缸里的水流出来以后，小孩子便得救了。

小孩的妈妈很感激司马光，许多人知道了这件事，都称赞司马光的勇气及机智。

一般思考：小孩子跌入水缸，一般人想到的是伸手将小孩捞起来，这是"救人离水"，但是孩子们身高不够，力气不大，无法这样救人。

逆向思考：想想还有其他救人的方法吗？司马光用石头打破水缸，这是"离水救人"。解决问题或者看事情，绝对不会只有一种方法。

　　善于逆向思考的人，通常是不肯轻言放弃的人，"不够黏的黏胶"这个失败的发明，因此能够起死回生，作为便利贴背后的坚强支柱，风行全世界。它的形状是代表理性的正方形，象征创意并不是只靠灵光一闪，更需要理性的深思熟虑。

　　在阅读和写作中运用逆向思考，颠覆一般的想法，可以激发出新的观点，促使你思索过去鲜少想到的部分。不妨从现在开始用另一种眼光看问题，为故事创造出更多不平凡的惊奇。

目录
CONTENTS

❶ 橘逾淮为枳

春秋齐·晏婴[1]《晏子春秋·内篇·杂下》

【经典故事】

那个身材矮小、窄肩膀的齐国大使晏子，奉命出使楚国，出发前就知道这是不好办的差事。

一行人走了多时，终于来到楚国。楚王在宫殿热情地款待晏子，赐酒喝。酒到酣处，忽然官吏绑了个人来到殿上，手一推，那人便跪倒在地，只见他形容憔悴，身上布满了紫色的瘀痕。

楚王伸出手指，指着跪在地上的人说："那捆着的人是干什么的？"刚才歌舞升平的热烈，顿时降到了冰点。

官吏行礼回答："他是齐国人，在我国犯了盗窃罪。请

---

1 晏婴：（？—公元前500年），字仲，史称晏平仲。曾任齐国的上大夫，历任灵公、庄公、景公三朝，以生活节俭，谦恭下士著称。据说晏婴身材不高，其貌不扬。相传著有《晏子春秋》，记述晏婴的言行和故事，文笔生动流畅。

大王发落！"

楚王转头，掩不住得意的神色，问晏子："贵国的人很擅长偷窃吗？"

晏子听了，立刻站起来抹平衣服上的皱褶，恭敬答道："听说橘树长在淮河的南方是"橘"，但是越过淮河长在北方，就变成"枳[1]"，它们只有叶子的形状长得像，果实的味道却不同，这是因为淮河南北的环境不一样。现在，生活在齐国的老百姓不偷窃，可是在楚国就偷，难道不是受楚国的影响，才使老百姓特别会偷窃吗？"

诗佳老师说

淮南的橘树移植到淮北，就成了枳树，环境对事物的影响是多么深远啊。人也一样，如果生活环境改变，思想或个性可能不知不觉就会受到影响，由一个不偷窃的人，变成一个惯窃，这是潜移默化的可怕。

《橘逾淮为枳》生动地塑造了两个人物形象。楚王原本想藉着囚犯羞辱晏子的国家，他问晏子："贵国的人很擅长偷窃吗？"简单一句话，就将楚王傲慢无礼的

1　枳：zhǐ，果名，又叫枸橘，味道酸苦。

形象栩栩如生地勾勒了出来。

面对楚王的无礼，晏子则采取相反的态度，先恭敬的起身，用合乎礼节的行为对应楚王的无礼，再说个故事，点出"楚国的环境使百姓容易偷窃"，是用楚王的逻辑来反击楚王，以牙还牙，成功压倒对方的气焰。晏子随机应变，从容不迫地维护自己和国家的尊严，使人读了不得不大加赞赏！

楚王想借囚犯羞辱齐国，晏子以态度和言辞两面反击回去。

相关成语：

"橘淮为枳" "淮橘为枳" "南橘北枳"

出处

《晏子春秋·内篇·杂下》："晏子至，楚王赐晏子酒。酒酣[1]，吏二缚一人诣[2]王。王曰："缚者曷为者[3]也？"对曰："齐人也，坐[4]盗。"王视晏子曰："齐人固[5]善盗乎？"晏子避席对曰："婴闻之，橘生淮南则为橘，生于淮北则为枳。叶徒[6]相似，其实[7]味不同。所以然者何[8]？水土异也。今民生长于齐不盗，入楚则盗，得无[9]楚之水土使民善盗耶？"后用"橘淮为枳"比喻社会风气不好，一个人换了地方就变坏了。

---

1 酒酣：饮酒尽兴。酣，hān。

2 诣：yì，去见面。

3 曷为者：做什么的？曷，hé。

4 坐：因为。

5 固：本来。

6 徒：tú，徒然，白白地。

7 实：果实。

8 所以然者何：为什么这样？

9 得无：莫非。

❷楚王好细腰

春秋宋·墨翟[1]《墨子·兼爱中》

【经典故事】

他爱看婀娜多姿、细如杨柳的腰，那些苗条瘦弱的身材多赏心悦目，弱柳扶风[2]的姿态有多美啊！只是他爱的不是女人的腰，而是男人的腰！

楚灵王喜欢臣子拥有纤细的腰身，大臣们都深怕自己腰肥体胖，会失去君王的宠信，因而不敢多吃；有些人更每天限制自己只能吃一顿饭，以节制腰身。

朝廷的男人每天起床后，在穿戴官服前，必定先深深地吸一口气，然后屏住呼吸，使小腹下陷，再用力地把腰带束

1　墨翟：墨子（约公元前468—前376年），名翟（dí）。创墨家学派，主张兼爱、尚同、非攻、非乐、节用、节葬。《墨子》相传为墨翟及其弟子所著，主要记载墨子的思想言行，文笔朴实、重逻辑，寓言不多，但开启文人创作寓言的先河。
2　弱柳扶风：形容女子体态软弱，动作轻柔。

紧。几番折腾以后，许多人都只能慢慢扶着墙壁站起来。

"好苦啊！"为了投君王所好，大臣们叫苦连天，饿得头昏眼花，站都站不直了。坐在席子上的人要站起来，非得要别人扶着不可；坐在马车上的要站起来，也一定要按着车子借力使力才行；想吃美食，也只能舔舔嘴唇忍住不吃，为了维持细腰，就算饿死了也甘愿。

等到一年以后，满朝的文武官员都脸色发黑，一副干枯瘦弱的模样了。

诗佳老师说

楚灵王任用大臣像在选美，他的标准是腰细不细，而不是有没有才能。君王的喜好变成压力，臣子就会花费许多精力节食、减肥，最后伤害健康，"楚灵王好细腰，其朝多饿死人"，就是说这种跟随潮流、谄媚君王的荒谬行为。

这么说，那些腰身粗壮的大臣怎么办？就算他们具备才华、智慧和道德，在这场追逐细腰的竞争中，仍然会落败下来，只有纤细腰身的臣子才能获得青睐，不符合君王审美标准的人则会怀才不遇。一个只重外表、不重内涵的朝廷，是很难有作为的。

细腰，一直被当作"美"的象征，中国从第四世纪到第六世纪的诗歌作品中，就有六十六个关于浪漫的描述都提到"细腰"。文学上的细腰是美的、浪漫的，但如果放错了位置，在朝廷上选细腰而不选人才，只怕将会选出许多外表光鲜亮丽，内在却面黄饥瘦、全然无用的"庸才"。

细腰代表爱卿的才能啊！

为了升官，只好挨饿……

楚灵王爱细腰，大臣自然跟随君王的喜好行事。

经典知识

相关成语：

"楚宫细腰" "楚国纤腰" "投其所好"

出处

《墨子·兼爱中》："昔者，楚灵王好士[1]细要[2]，故灵王之臣，皆以一饭为节，息然后带[3]，扶墙然后起。比期年[4]，朝有黧黑[5]之色。"后用相关成语比喻位高权重者的爱好引导时尚潮流。

1　士：士大夫。

2　要：腰。

3　息：xī。屏住呼吸。带：束紧腰带。

4　比期年：等到一年后。

5　黧黑：黧，lí。脸色发黑，呈现干枯的现象。

❸ 苛政猛于虎

《礼记¹·檀弓下》

【经典故事】

　　妇人在坟墓前哭得很悲伤。她身穿丧服，手抚着墓碑，哭得肝肠寸断，哀哀的哭声，任何人听了都会感到不忍。

　　孔子与学生们正好经过泰山，看见了，就问学生："这妇人为什么哭得那么悲伤？难道有什么伤心事？"孔子立刻命令车子停在路边，他站起身来，手按在车子的横木上，要子路²向妇人问个究竟。

　　子路弯下腰，对妇人问道："你哭得那么伤心，像是有很多伤心事？"

　　妇人啜泣："是的。以前我的公公被山里的老虎咬死

1　礼记：秦汉以前各种礼仪相关论著的选集，由孔子弟子及再传弟子所记，相传是西汉戴圣编纂。内容有记居丧、治丧、吊丧的故事，大同与小康的政治理想等等，寓言很少。

2　子路：（公元前542—前480年），姓仲，名由，字子路、季路。鲁国人，孔子的学生。

了，后来我丈夫也被老虎咬死了，现在，连我儿子都被老虎咬死了！这样的不幸，实在让我难以承受啊！"说着说着，又悲切地哭起来了。

孔子相当难受，便低头询问妇人："那你为什么不离开这里？"

妇人听到这话，却惊得收起了泪水，吓得连声音都颤抖了，道："这里虽然有老虎的威胁，却没有残暴的政令压迫我们啊！"眼神中充满恐惧。

孔子听了直叹气，回头对学生说："你们记住，残暴的政令比老虎还要凶猛可怕啊！"

诗佳老师说

真是个两难题目：老虎、苛政都很可怕，如果必须选择，到底要选哪一个？

老虎一连吃掉妇人家三代的男人，是可怕的悲剧。但是妇人这么不幸，还是选择不离开这个地方，原因就是老虎住在统治者管不到的山林，这里没有苛政，可见在百姓心中，苛政比猛虎还要凶险得多。

老虎吃人只是因为肚子饿，如果它先吃饱了，通常不会主动伤害人类。老虎攻击人，也只是杀人之后吃掉，不会折磨人。人们可以自卫或者反抗老虎，像武松打虎，成功了还可以做英雄。

可是苛政就不同了，苛政是残暴肆虐的政令。人类社会的苛政不像老虎只是为了吃饱，苛政存在的目的是要压榨人民的血汗与生命，并且对不屈服的人进行迫害。在现今，苛政可能化身为税务、贫富、阶级的差异等等，规模与涵盖的范围比老虎的威胁胜过百倍。

那些在世界的各个角落受苛政迫害的人，有多少山林能让他们逃脱呢？

老虎与苛政都很可怕，到底要选哪一个？

相关成语：

"苛政[1]猛于虎" "暴政必亡"

出处

《礼记·檀弓下》："孔子过泰山侧，有妇人哭于墓者而哀。夫子式[2]而听之。使子路问之曰："子之哭也，壹[3]似重有忧者？"而曰："然。昔者，吾舅[4]死于虎，吾夫又死焉，今吾子又死焉。"夫子曰："何为不去也[5]？"曰："无苛政。"夫子曰："小子识[6]之，苛政猛于虎也。"

比喻繁苛残酷的政令，比老虎还要凶猛可怕。

1　苛政：苛刻的政令。指政府课征的赋税繁重，人民不堪承受。
2　式：同"轼"，车子的横木，这里是动词。
3　壹：真是。
4　舅：丈夫的父亲，公公。
5　何为不去也：为何不离开？
6　识：记住。

❹杞人忧天

战国·列御寇[1]《列子·天瑞》

【经典故事】

"世界末日到了！"杞国有人担心天会崩塌、地会陷落，到时候自己没有地方生存。他觉也睡不好，饭也吃不下，过得非常痛苦。

"真的，世界末日到了……"他喃喃念着。

有人看见杞人这么忧愁，不禁为他担心起来，就开导他说："天空只不过是一团积在一起的气体，到处都是空气。你平常的一举一动，一呼一吸，都是在空气里活动的，怎么还会担心天塌下来呢？"

杞人愁眉苦脸地说："如果天空真的是一团气体，那日、月、星辰不就会掉下来吗？该怎么办呢？"他焦虑得直抓头发。

开导他的人说："日、月、星辰，只是空气中会发光的

---

1 列御寇：相传为战国时道家人物，主张虚静、无为。《列子》据说是列御寇所著，保存了许多珍贵的民间故事、神话传说和古代寓言。

东西，就算掉下来也不会砸伤什么啊！"

杞人皱起眉头，哭丧着脸："如果地陷下去怎么办？"

开导他的人说："地面只不过是堆积起来的土块，土地填满了四面的空间，到处都是土块啊！你迈开大步跳跃，整天走来走去，怎么还担心地会陷下去呢？"

杞人总算放心了，又重新快乐起来，开导他的人也放心了。

诗佳老师说

古时人类还不认识自然界，提出疑问、勇于探索是很好的，但是杞人天天为这个问题烦恼，甚至影响自己的生活就不好了。"世上本无事，庸人自扰之"，人对自己无法了解和解决的问题，不要太早陷入无止尽的忧愁而无法自拔，不如多多学习新知、了解事物，才能防范灾难，进一步爱护我们生存的大自然。

杞人惶惶不可终日，在别人的开导下，又快乐起来了，前后的变化塑造出栩栩如生的形象。此外，透过另一个角色的劝告，开导杞人遇事只要多思考，分析各种事物之间的关系，便能防止主观片面的判断和盲目，虽然他对天、地、星、月的解释并不正确，但那种耐心劝导的做法，值得赞赏。

天要塌了！快逃啊！

不必怕没有根据的事！

天地需要人们爱护和探索，不需要毫无根据的杞人忧天。

经 典 知 识

相关成语：

"杞人忧天"

出处

《列子·天瑞》："杞国[1]有人，忧天地崩坠[2]，身

---

1 杞国：周朝的诸侯国。杞，qǐ 。
2 崩坠：崩毁、坠落。

亡所寄[1]，废寝食[2]者。又有忧彼之所忧者，因往晓[3]之，曰："天，积气耳，亡处亡气。若屈伸呼吸，终日在天中行止[4]，奈何忧崩坠乎？"其人曰："天果[5]积气，日、月、星宿，不当坠邪？"晓之者曰："日、月、星宿，亦积气中之有光耀者，只使坠，亦不能有所中伤[6]。"其人曰："奈地坏何[7]？"晓者曰："地，积块耳，充塞四虚，亡处亡块。若躇步跐蹈[8]，终日在地上行止，奈何忧其坏？"其人舍然[9]大喜。晓之者亦舍然大喜。"

"杞人忧天"比喻不必要、缺乏根据的忧虑。也用来表达忧患意识。

---

1 亡：无。身无所寄：身体没有寄托之处。
2 废寝食：睡不着觉，吃不下饭。
3 晓：开导。
4 行止：行动与休息。
5 果：果真。
6 中伤：击中受伤。
7 奈地坏何：奈何，怎么办。奈地坏何，是"地坏奈何"的倒装句。
8 躇步跐蹈：跨开大步跳跃。跐蹈，cǐ dǎo。
9 舍然：释然，放心。

❺向氏学盗

战国·列御寇《列子·天瑞》

【经典故事】

宋国的向先生当了一辈子的穷鬼，某天决定不再忍耐，跑到齐国向富翁国先生请教致富的方法。

国先生听了他的问题，语出惊人的说道："我专门偷盗。只要一两年就能自给自足，三年就大丰收，以后还有能力施舍给乡里的百姓呢。"

向先生喜出望外，于是开始四处偷窃：三更半夜翻越人家的围墙，凿出房间的墙洞，只要视线所及、手所碰的，无所不偷。没多久，就因为盗窃案而被判罪，连他自己的财产都被官府没收了。向先生悔不当初，认为国先生欺骗了他，非常怨恨。

国先生知道了，就去牢房见他，问道："你是怎么做贼的？"向先生就把偷窃的情况说了。

国先生"嘻"一声，失笑道："你完全搞错了啊！我是偷了大自然的资源，靠着雨露滋润，用山川孕育万物，使我的农作物顺利成长，然后生养庄稼、筑墙、盖房屋。在山林中打猎，偷了禽兽；在水里用心捕鱼，偷了鱼鳖。这些都是偷来的啊！所有的庄稼、土地、树木、禽兽、鱼鳖都是大自然生的，我偷天的就没有灾祸，但金玉珍宝、谷物锦缎等财物是别人的财产，你偷那些东西被判罪，怎能怨我呢？"

诗佳老师说

国先生的"盗"，指的是灵活运用自然资源发展生产，这才是发家致富的正确方向。但向先生理解的"盗"，是表面的穿墙越户、偷窃别人财产，他只听到"做盗贼"，却不知富翁教的是"智慧"。

国先生致富确实有一套，他利用天时、地利，加上勤劳耕作，向大自然"偷"东西，"偷"是巧妙的比喻，勤劳耕作才是过程。向先生却误以为向大自然偷东西是做些偷鸡摸狗的勾当，结果被捕入狱。对向先生来说，理解不劳而获的偷窃确实比学习辛勤努力的耕作要来的容易。

故事也是提醒我们要辨别语言的不同意义，同一个"盗"字，就有不同的理解、不同的运用和意义，结果天差地别。同时提醒我们：想学习别人的经验或学问，一定要先仔细思考，不能只停留在字面的解释，忽略了更重要的内涵。

只要偷老天爷的东西就可以致富。

原来只要偷东西就可以致富。

向先生好吃懒做，只愿选择性的理解不劳而获的捷径。

经典知识

相关成语：

"向氏学盗" "宋人学盗" "盗亦有道"

《列子·天瑞》（节录）："齐之国氏大富，宋之向氏大贫，自宋之齐，请其术[1]。国氏告知曰："吾善为盗。始吾为盗也，一年而给，二年而足，三年大穰[2]。自此以往，施及州闾[3]。"向氏大喜，喻[4]其为盗之言，而不喻其为盗之道[5]，遂逾垣凿室[6]，手目所及，亡不探也[7]。未及时[8]，以赃获罪，没[9]其先居之财。"这则寓言讽喻人在学习上只看字句表面、而不深入理解内涵的谬误。

---

1 之：到。请：请教。术：秘诀，方法。

2 穰：ráng，富足。

3 施：施舍。州闾：乡里。闾，lú。

4 喻：明白。

5 道：方法。

6 逾垣凿室：翻越围墙，在房屋的墙上打洞。

7 亡：无，没有。探：拿。

8 未及时：没多久。

9 没：mò，没收。

❻狙公养猴

战国·列御寇《列子·黄帝》

【经典故事】

宋国有个人靠养猴子出名，他的外号叫"狙公[1]"。

狙公很爱猴子，在自家的庭院养了一大群，他懂得猴子的语言，可以跟它们对话，猴儿们也很了解狙公的想法，人兽之间彼此相处愉快。狙公甚至愿意节省家人的粮食，把省出来的粮食拿去增加猴子的口粮，但过了不久，家里的经济状况就越来越差了。

眼看这样下去不是办法，迫于无奈，狙公只好忍下心来，打算限制猴子的饮食，节省开销，但又担心如果分配不当，这些小猴崽子不听话，到时淘气起来怎么得了？烦了半天，终于想到一个办法。

狙公对猴子们说："从明天开始，给你们吃橡树的果

---

1 狙公：狙，jū，猕猴。狙公，养猕猴的人。

实。早上给三个，晚上给四个，这样够吗？"

猴子们听了气得吱吱乱叫，在院子里跳来跳去，摇晃树枝表示抗议。

狙公连忙安抚它们："不然这样好了，给你们吃橡树的果实，早上给四个，晚上给三个。这样够吗？"

猴子们非常高兴，都乖乖地匍匐在地表示顺从了。

诗佳老师说

故事又见于《庄子·齐物论》。原文的意义是：无论"朝三暮四"或"朝四暮三"，实际上猴子每天只可以得到七颗果实，数量并没变，所以猴子的反应就显得可笑了。狙公只是顺着猴子的心理需要，他利用猴子讨厌损失的心理，让猴子早上得到的果实比晚上多，就达到了取悦猴子的功效。

想一想，现今那些思想浅薄的人，总是容易被表象所迷惑，而不能探究事物的本质，这不正像狙公的猴子吗？它们只在意早上多拿果实或晚上多拿，最后不免被"朝三暮四"或"朝四暮三"给蒙蔽。

后来"朝三暮四"与"朝秦暮楚"混淆了。后者指战国时期，秦、楚两大强国对立，有些弱小的国家在秦和楚之间立场反覆。"朝三暮四"本来与此无关，但字面上容易混淆，久而久之就被套用过来，理解为没有原则、反复无常了。后来凡见到有人反复不定、才说过的话马上就改变，或刚决定的事情很快就变卦，就比喻为"朝三暮四"，这也算另一种"猴子的谬误"吧！

狙公利用猴子讨厌损失的心理，顺利的分配好粮食。

经典知识

相关成语：

"朝三暮四" "朝四暮三"

《庄子·齐物论》："狙公赋芧[1]，曰："朝三而暮四。"众狙皆怒。曰："然则朝四而暮三。"众狙皆悦。名实未亏[2]而喜怒为用，亦因是也。"此则寓言故事原意是玩弄手法欺骗人。后来比喻人行事经常变卦，反复无常。

1　赋芧：给橡树的果实。

2　亏：损失。

❼鲍氏之子[1]

战国·列御寇《列子·说符》

【经典故事】

　　齐国的贵族田氏，在庭院摆下宴席为人送行，男女仆役安静熟练地在席间穿梭，将美味的佳肴送上桌来，参加宴饮的幕僚、宾客、谋士等食客，便有千人之多。

　　正热闹时，有人端上了鱼与雁，烹调得香味四溢。田氏看了看，忽然生出感慨来："上天多厚待人啊！繁殖了五谷，生育了鱼鸟，供我们食用。"宾客们纷纷随声附和，一致表示赞同。

　　这时在座一个姓鲍的十二岁小孩，忽然走上前来说道："其实事情并非如您所说的这样！"大家都为此感到惊讶。

　　鲍家孩子不管别人，神色自若地继续说："天地万物和我们共同生存在自然界，只是类别不同而已。生物没有高低贵

────────────

1　鲍氏之子：鲍家的儿子。

贱的区别，只因为体型大小和智力不同才交替相食，不该说某生物是为了让另一种生物存活才存在的。人只是选择能吃的食物，怎会是上天特地为人创造食物呢？好像蚊、蚋[1]吸人的血，虎狼吃人的肉，不能说上天创造人给蚊蚋、虎狼当食物吃啊！"

诗佳老师说

"人是地球的主宰"、"人是万物之灵"，一直是人类社会的主流价值，在这种价值观的主导下，自然界有许多动物濒临灭绝，有些人把万物当作是神或上帝为了人类而创造、安排好的。比如说，鱼被创造是为了给人吃，鸟被创造也是为了给人享受，整个自然界被创造出来都是为了让人类存活。这样的心态下，人们容易任意的主宰万物的生死，也容易失去对生命的尊重。

鲍家孩子是个能够独立思考的孩子，敢于表达，不像那些成年人为了阿谀奉承而附和田氏，他能够平等地看待事物，认为一切的动植物都没有贵贱之分，万物与

1　蚋：rui，吸食人和动物血液的昆虫。

人类并生。他用举例的方法说服别人，与故事中的成人对比，其勇气与智慧令人刮目相看。

老天创造万物都是为了让我享用！

错了！老天造人是为了让蚊子和老虎享用。

鲍氏之子的言论，戳破了田氏自以为万物之灵的傲慢。

经典知识

相关成语：

"类无贵贱" "贵贱无二"

出处

《列子·说符》："齐田氏祖[1]于庭，食客[2]千人。中坐有献鱼雁者，田氏视之，乃叹曰："天之于民厚矣！殖[3]五谷，生鱼鸟，以为之用[4]。"众客和之如响[5]。鲍氏之子年十二，预于次[6]，进[7]曰："不如君言。天地万物与我并生，类也。类无贵贱，徒以小大智力而相制，迭相食，非相为而生之。人取可食者而食之，岂天本为人生之？且蚊蚋嘬肤，虎狼食肉，非天本为蚊蚋生人、虎狼生肉者哉！"指万物与人类并生，只是物种不同，没有贵贱之分。也可指对待高贵和卑贱的人，态度都是一样的。相反词："傲睨万物[8]"。

1　祖：本为古人出行时祭祀路神，引申为设宴送行。
2　食客：古时在贵族家里寄食讨生活的谋士、宾客。
3　殖：繁殖。
4　用：食用。
5　响：回声。
6　预于次：按次序坐在座位上，参与宴席。
7　进：进言，说话。
8　傲睨万物：睨，nì，斜眼看。形容高傲倨慢，目空一切。

❽韩娥善歌

战国·列御寇《列子·汤问》

【经典故事】

韩娥，一个柔弱的女子，要到东方的齐国去。贫寒的她在半路断了钱粮，但是不怕，因为她拥有一副好歌喉。为了度过难关，韩娥在经过齐国的雍门时，便靠卖唱换取食物，离开后，她那美妙绝伦的余音仿佛还在城门的屋梁间缭绕，马不吃草了，鱼都游出水面倾听这美妙的歌声，凡是听过她的歌声的人都沉浸在其中，好像她从来就没有离开过。

离开雍门走了半天，韩娥来到一家客栈投宿，店小二看她孤弱潦倒，便伸手一拦，说："本店不招待穷客！"怎样也不让韩娥进去。店小二的狗眼看人低，令韩娥伤心至极，忍不住拖着长音痛哭不已，哭声远远传开来，使一里内的男女老幼都为之动容。悲伤的哭音感染了整个村子的人，他们泪眼相向，愁眉不展，难过得都吃不下饭。

离开客栈以后，韩娥只觉得前途茫茫，不知何去何从。人们闻声而来，知道这件事后，急忙追去挽留她，只见不远处一个柔弱的女子缓缓而行。人们呼唤着："请回来再为劳苦的人们高歌一曲吧！"韩娥心中那点儿坚强便彻底被摧垮了，红了眼眶。

韩娥真的回来了！又拖长了声调高歌起来，这回她的歌声中充满喜悦，有如温暖的春风，引得乡里老少欢呼雀跃，不能自控，大家忘情地沉浸在其中，将以往的悲苦忘却了。为了感谢韩娥，人们送她许多钱粮，让她安心上路。

现今雍门的人善于唱歌表演，听说都是因为韩娥的遗声啊！

诗佳老师说

韩娥是个民间歌手，嗓音优美，歌声感情洋溢，具有强烈的感染力，听到她歌声的人都深深地陶醉着。然而古时女歌手不可能名利双收，韩娥依然贫困，客栈的店小二对她冷嘲热讽，满心悲痛的韩娥只好到街上将怨情唱出来，黯然离开。没想到韩娥的歌声感动人心，人们欣赏她的才华，将她请回来为大家唱歌，令韩娥感动万分。

人性的冷漠与温暖差异如此之大！人们往往只看到负面，而忘记人性美好的一面。受到感动的韩娥歌声更动人了，只不过这次是欢乐的，人们也随着喜悦的歌声从忧伤中解脱出来。唯有蕴含真情的作品，才不会有曲高和寡的问题，创作者会将真情实感融入于创作中，与大众同悲欢，成为他们忠实的代言人。

伟大的艺术拥有感动人心的力量，创作者可能因为满心创痛、或满怀喜悦而受到触动，得到灵感，从中提炼体现于作品，这是艺术的美妙之处。

最美妙的歌声必出自最真挚的情感，拥有感动人心的力量。

经典知识

相关成语：

"余音绕梁" "天籁之音"

出处

《列子·汤问》："昔韩娥东之齐，匮[1]粮，过雍门，鬻歌假食[2]。既去[3]，而余音绕梁欐[4]，三日不绝；左右以[5]其人弗去。过逆旅[6]，逆旅人辱之。韩娥因曼声[7]哀哭，一里[8]老幼，悲愁垂涕相对，三日不食，遽而追之。娥还，复为曼声长歌。一里老幼，喜跃抃[9]舞，弗能自禁[10]，忘向[11]之悲也，乃厚赂发之。故雍门之人至今善歌哭，放[12]娥之遗声。"相关成语形容音乐美妙感人，余味不绝。

---

1 匮：kuì，缺乏。
2 鬻歌假食：鬻歌，卖唱。鬻，yù。假食：讨食物吃。
3 既去：既，已经。去，离开。
4 欐：lì，屋梁。
5 以：认为。
6 逆旅：客栈。
7 曼声：拖长了声调。
8 一里：整个乡里。
9 抃：biàn，拍掌。
10 禁：控制。
11 向：以往。
12 放：模仿，依照。

❾不龟手¹之药

战国·庄周²《庄子·逍遥游》

【经典故事】

　　宋国有人擅长制作护手的药，能有效防止手部皮肤冻裂。他家世世代代都从事"洴澼絖³"的工作，在水中漂洗丝棉，这是他研制药膏的原因。有人听说了这家人，就送上百金的报酬请求买他的秘方。家族的人为了这件事，聚集在一起商议道："我们家世代漂洗丝棉，收入不过几金而已。现在靠着卖秘方，立刻就可以赚进百金，不如卖给他吧！"于是就同意了。

　　那人得到药方后，立刻拿去说服吴王。他说："此药可以运用在战争中，如果遇到天寒地冻的气候，就给士兵们擦

1　龟：jūn，皮肤受冻裂开。
2　庄周：庄子（约公元前369—前286年），名周，宋国人，战国重要的思想家，道家人物。著有《庄子》，创作了许多寓言，使寓言成为独立成篇的文体，对中国寓言的发展有突破性的贡献。
3　洴澼絖：píng pì kuàng，在水里漂洗丝棉。

手。"吴王觉得这真是个好主意！于是留下他重用。

不久，越国侵犯吴国，吴王便命令他率领军队出击越军。到了冬天，吴军和越军进行水战，由于吴军用了护手的药膏，将士皮肤不会冻裂受伤，人人都能手执兵器发挥最大的武力，将越军打得大败。凯旋回来后，吴王便赏赐他一块土地。

药膏是一样的，使手不龟裂的效果也一样，但有人靠它得到封赏，有人却避免不了漂洗棉絮的辛劳，这都是因为人的智慧不同啊！

诗佳老师说

这则寓言源自《逍遥游》中庄子与惠施的对话。庄子的好友惠施对自己的主张不能受到重用而不满，发牢骚说他有一只可以容纳五石[1]东西的大葫芦，但是太大了，没有用处，只好砸烂。庄子笑他不懂运用，而讲了这个故事。

同样的东西用在不同的地方，效果大不相同，关键在于是否能够"有创意"地运用。俗话说："尺有所

1　石：dàn，量词，计算容量的单位。公制一石等于十斗。称为"公石"。

短，寸有所长。"尺用在恰当的地方，就不会嫌短；寸用在合适的地方，也会觉得够长。对待事物，要用细腻的眼睛探索出最大的价值，才能完美地运用它。

我们经常落入成见之中而不自知，用刻板印象判断事物，总认为事情一定要怎么做才对，东西一定要怎么用才正确。其实只要对事物有彻底的了解，发挥想象力和创意去思考，就能找到巧妙的运用方法。许多发明家创造有用的工具，那份灵感，往往就来自一念之间。

保守的人只将药膏用在洗棉絮，有创意的人却能用来带兵打仗。

经典知识

相关成语：

"不龟手药" "妙用无穷"

出处

《庄子·逍遥游》："宋人有善为不龟手之药者，世世以洴澼絖为事。客闻之，请买其方[1]百金。聚族而谋曰："我世世为洴澼絖，不过数金；今一朝而鬻技[2]百金，请与之。"客得之，以说[3]吴王。越有难，吴王使之将[4]。冬与越人水战，大败越人，裂地而封之[5]。能不龟手一也，或以封，或不免于洴澼絖，则所用之异也。"

比喻事物有小用与大用之分，效用如何，完全在于人们怎么运用。

---

1 方：秘方，药方。

2 鬻：yù，卖。技：技术。

3 说：shuì，说服。

4 将：将领，率领军队。

5 裂地而封：分一块土地给有功的人享用。裂，分。

❿西施病心

战国·庄周《庄子·天运》

【经典故事】

越国的美女西施，罹患了一种心口疼痛的病，每次发病时，她总会轻轻地按住胸口，微微皱着眉头从街上走过，那楚楚动人的模样，好令人心疼。当地人都感叹地说，西施捧心真是一幅美丽的画面。

与西施同村的一个丑女，名字叫做东施。有一天，她在路上遇到西施，正好看见西施捧心的模样，觉得那样的动作很美，于是回去时也学着捂住胸口，蹙额颦眉¹地从街上走过。然而乡里的富人看见她这副模样，都紧闭着大门不愿出来；穷人见了，也赶紧带着妻子儿女，远远地躲开。

东施只知道西施皱着眉头捧心很美，却始终不明白为什么美，真令人叹息啊！

---

1 蹙额颦眉：蹙，cù。颦，pín。皱眉的样子。

诗佳老师说

虽然说每个人都爱美，看到美好的事物会想模仿，但也要考虑自己的条件是否允许，如果不够了解自己，不能弄清楚别人长处的内在原因，而只在表面上抄袭，就可能流于盲目，反而出糗。

故事运用夸饰手法，描写富人见了东施捧心，就"坚闭门而不出"；穷人见了，也"挈妻子而去走"。除了生动地表现东施的"丑"，同时也从侧面突显了东施怔忪作态的丑陋面目。

不过如果试着逆向思考：东施见到别人的优点便产生学习的欲望，从这个角度来看是可贵的。东施还是个有行动力的人，不会将学习停留在空想，愿意付诸行动；她可能做得不好，周围有许多嘲笑她的人，但她依然很投入。想一想，人如果敢于学习，又能抵抗外界不利的声音，这种勇气不是很可贵吗？

如果我们阅读时活用逆向思考，便可以跳脱传统的观点，使思考更加灵活。

原来捧心是让人变美的姿势啊！

东施不知自己的短处而模仿西施捧心，反而使自己丑上加丑。

经典知识

相关成语：

"东施效颦" "邯郸学步"

出处

《庄子·天运》："西施病心而颦其里[1]，其里之丑人见而美之，归亦捧心而颦其里。其里之富人见之，

1　颦其里：在她居住的地方附近皱着眉头，很痛苦的样子。

坚闭门而不出；贫人见之，挈[1]妻子而去走。彼知矉美而不知矉之所以美，惜乎！"比喻模仿别人不但不像，反而出丑。也用于自谦，说自己本领差，学别人的长处没有学好。

---

1 挈：qiè，带着。

⑪坎井[1]之蛙

战国·庄周《庄子·秋水》

【经典故事】

你没听过井底那只青蛙的故事吗?

住在浅井底下的青蛙,对东海来的大鳖说:"我多快乐啊!出去玩,就在井栏上蹦蹦跳跳;回来休息,就蹲在井壁上的窟窿里。跳进浅水时,水位刚好在两边的胳肢窝下方,使脸能浮出水面;在泥中跳跃时,泥只淹没脚,漫到脚背上。回头看那些孑孓、螃蟹与蝌蚪之类的小虫,谁能跟我比!而且我独占一坑的水,叉开腿站在井里,快乐极了!你为什么不常来这里参观呢?"

海鳖听了青蛙的话,还真想去看看,但它左脚还没踏进井里,右腿就已经被井栏绊住了。

于是海鳖犹豫着把腿收回来,然后将大海的情形告诉青

---

1 坎井:浅井。

蛙："大海非常深远，用"千里"都没办法形容它的广阔，说"八百丈"也不能形容它的深度。夏禹[1]时，十年有九年因为雨水过多而闹水灾，可是海水没有增加；商汤[2]时，八年有七年闹旱灾，海水也没有减少。海水并不因为时间的长短而使容量改变，也不因为雨量的多少而有增减。住在大海里，才是真正的快乐呢！"

浅井的青蛙听了，好像失了神似的，相当惊讶惶恐，觉得自己实在太渺小了。

诗佳老师说

"坎井之蛙"与"东海之鳖"是两个对比的形象，表现环境对它们的影响。坎井蛙由于整天生活在浅井小小的舒适圈里，造成目光短浅、性格自大；东海鳖生活在汪洋大海，养成开阔的胸襟和广博的见闻。人不也是如此么？

世界如此广阔，知识无穷无尽，如果只将自己所见的小小角落当作整个世界，把自己所知的一点点见闻看

1　夏禹：传说为部落领袖，奉舜之命治水有功，成为领袖。其子启建立了夏朝。
2　商汤：汤是商朝的建立者，商族的领袖，灭掉夏桀后建立了商朝。

作整个文明，那就会跟浅井里的青蛙一样，成为孤陋寡闻和安于现状的人。

此外，我们试着跳出传统翻转思考：坎井之蛙在它的天地里，的确有属于自己的快乐，它不是大鳖，对一只青蛙来说，生活在浅井里也就足够了，自然不必对大海有所向往。也许我们羡慕大鳖的快乐时，也应该认可坎井蛙之乐。

坎井之蛙真的浅陋吗？它在属于它的天地里，快乐生活着，自在地享受。我们为什么非得要拿大鳖和青蛙比较呢？两者各有自己的世界，如果让坎井之蛙去追求它不喜欢、也不向往的天地，只能适得其反而已。

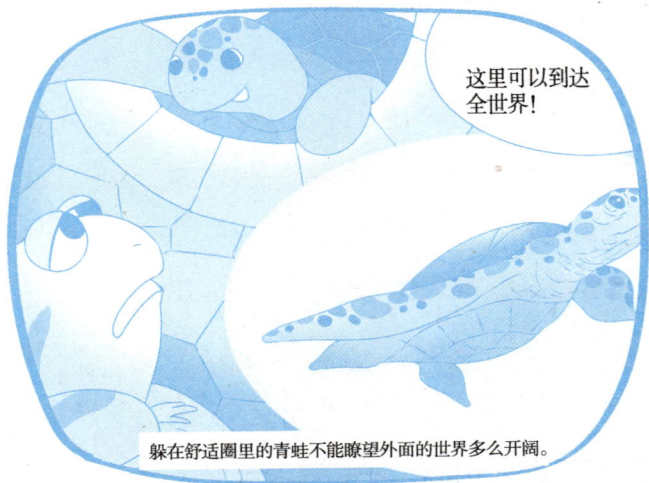

这里可以到达全世界！

躲在舒适圈里的青蛙不能瞭望外面的世界多么开阔。

相关成语：

"井底之蛙" "坎井之蛙"

出处

《庄子·秋水》："子独不闻夫坎井之蛙乎，谓东海之鳖曰："吾乐与[1]！出跳梁乎井干之上。"后用"井底之蛙"讽刺那些见识短浅又盲目自大的人。

---

1 吾乐与：我多么快乐啊！与，yú，语气词。

⑫邯郸学步

战国·庄周《庄子·秋水》

【经典故事】

邯郸城里的人像是天生血液里就有优雅的基因，走路都特别好看，不疾不徐，潇洒极了！燕国有个年轻人很羡慕，决定去赵国学邯郸人走路的姿势，他不顾家人反对，毅然带着旅费千里迢迢地赶到邯郸，想感染那优雅的基因。

燕国人走在街上，看着来来往往的人们将街道当成了伸展台，各个都是台上的模特儿走着台步，看得他眼睛发直，不知该怎么迈开步子，唯恐走得不好看惹人侧目。这时迎面走来一个年轻人，他走路的样子真好看，竟使得原本平凡的外表充满了魅力，于是燕国人便跟在他后面模仿起来，对方迈开左脚他就迈左脚，对方迈开右脚他就迈右脚，一不小心就错乱了左右。眼看那人越走越远，燕国人跟不上了，只好回到原点另寻目标。很快，他又盯上了另一个人，照样跟在那人后面学步，这举动惹得每个人都停下脚步观看，捂着嘴笑。几天下来，他累得腰酸背痛，但总是学不到邯郸人骨子里透出来的优雅。

燕国人想，学不好的原因应该是自己习惯了旧的走法，于是他决定丢掉旧习惯，从头开始学走路。可是过了几个月，燕国人却越走越难看了，不但没学会邯郸人的步法，连自己原来怎么走的都忘了。他摸摸口袋，已经见底，只好沮丧地回家，可是他踏不出步伐了，只好无奈地趴在地上爬着回去，成为众人的笑柄。

诗佳老师说

燕国人努力向别人学习，应该肯定，但是他依样画葫芦的生搬硬套并不可取，不但没学到别人的精髓，反而连自己原有的也丢了，还不如不学。

学习不是不能模仿，但必须先细心观察别人的优点，研究邯郸人之所以能够走得优雅的关键之处，除了步法外，那种优雅是否和他们的神态、心境，甚至文化有关？再从自己的实际状况来检视，要将步伐调整成邯郸人的样子，需要做出哪些改变？这样才能取人之长，补己之短。如果像燕国人那样盲目，一味崇拜别人，不切实际，结果必然是功夫没学成，自己的长处也丢光了。

不过若从"刻苦学习"的角度来看，燕国人的精神应该受到肯定，虽然他的学习方式不对，但是至少"肯学"，比起很多不肯学习、任由自己安于现状的人，燕国人更有改变的勇气。如果有朝一日他领悟诀窍，要优雅地走路便指日可待。"邯郸学步"也可比喻人刻苦学习极为投入，而忘却了自己。

燕国人到邯郸学步，一味盲目学习的结果就是一事无成。

经典知识

相关成语：

"邯郸学步""鹦鹉学舌"

出处

《庄子·秋水》："且子独不闻夫寿陵余子[1]之学行于邯郸[2]，未得国能，又失其故行矣，直匍匐[3]而归耳。"《汉书·叙传上》："昔有学步于邯郸者，曾[4]未得其仿佛[5]，又复失其故步[6]，遂匍匐而归耳。"比喻一昧模仿，不但没学到本事，反而把自己原本会的东西忘了。

---

1 余子：少年。
2 邯郸：hán dān，战国时赵国国都。
3 匍匐：pú fú，爬行。
4 曾：乃。
5 仿佛：大概。
6 故步：原来走路的步法。

⑬匠石运斤

战国·庄周《庄子·徐无鬼》

【经典故事】

庄子经过惠施[1]的墓地，伤感地停下脚步，回头对跟随的人说了一个故事：

从前楚国的郢[2]地有一个人，用薄如苍蝇翅膀的白灰涂抹在鼻尖上，然后要求一位姓石的匠人拿斧头削掉这抹白灰。

石匠人挥动斧头，就像风一样地迅速敏捷；那个人则站在原地不动，任凭他砍削。才两三下，石匠人就把涂抹在那人鼻尖上的白灰削干净了，而那人的鼻子却毫发无伤。那个郢地的人站在那里，一副若无其事的模样，脸色并无变化。

宋元君[3]辗转听说了这件事，不由得好奇心大起，就

1　惠施：（约公元前370年—前310年），战国时期的政治家、辩客和哲学家。庄子的友人。庄子的著作经常提到他的思想。

2　郢：yǐng，战国时楚国的国都。

3　宋元君：春秋时期宋国的国君。

立刻召见那位石匠人，要求说："请你也试着为我表演一次吧！"

石匠人却摇摇头："我过去能砍掉人鼻尖上的白灰，是因为有好的搭档。可是，现在能让我施展本领的人已经死去很久了。"

庄子说完故事，不由得叹了口气，凝视着墓碑，道："自从惠施先生过世以后，我也失去能让我施展本领的对象了！"

诗佳老师说

郢人信赖石匠人的技术，才愿意让他削去自己鼻尖的白灰，在利斧挥动下，还能面不改色，对于石匠人的卓越本领，可说是推心置腹。庄子说故事不只是为了赞美石匠人的绝技，更是为了说明拥有高超的技艺，还需要有不凡的搭档配合，才能完美地达成任务。庄子并以这个故事表达对惠施的哀悼与推崇。

这个故事有两层意义：一是说人必须勤学苦练，才能练得"运斤成风"。二是启发我们在工作上要知人善任。俗话说："棋逢对手，将遇良才"又说：

"知己难逢"我们既要看到匠石运斤成风的绝技，也要注意到郢人的知人和胆识。匠石"运斤成风"固然奇特，但鼻尖抹粉的郢人能面不变色，泰然自若地面对刀斧，更是不容易，倘没有他的胆识，这项表演绝对无法成功。

庄子与惠施，石匠人与郢人，彼此是好友也是知音，唯有知人至深，才能如此坚信不疑。

我们是搭档，也是知音啊！

匠石想展现完美的技艺，还要对方愿意信任和配合才行。

相关成语：

"匠石运斤" "匠石斫[1]鼻" "惺惺相惜"

出处

《庄子·徐无鬼》："郢人垩[2]漫其鼻端，若蝇翼[3]，使匠石斫之。匠石运斤成风，听而斫之，尽垩而鼻不伤，郢人立不失容。宋元君闻之，召匠石曰："尝试为寡人为之。"匠石曰："臣则尝能斫之；虽然，臣之质[4]死久矣。"形容技艺超凡精湛，运用自如。

1　斫：zhuó，以刀斧砍削。

2　垩：è，白灰。

3　若蝇翼：像苍蝇翅膀那样薄。

4　臣之质：可让我施展本领的对象。

⑭ 涸¹辙²之鲋³

【经典故事】

庄子穷到连吃的食物都没了，便去向监河侯⁴借一点米粮。

监河侯听了庄子的情况，连连称"是"，慨然说道："没问题！我将启程去收封地的租税，等我收到钱，再借给你三百两银子，好吗？"

庄子不高兴地变了脸色，说："我昨天来的时候，半路听到呼救的声音。回头查看，在车辆经过留下来的轮子痕迹里，看见一条鲋鱼。我问它："鲋鱼啊！你在干什么呢？"鲋鱼说："我本来是东海海神的臣子，现在却沦落在干掉的路

1　涸：hé，失去水而干枯。
2　辙：zhé，车轮在泥地辗过留下来的浅沟。
3　鲋：fù，鲫鱼。
4　监河侯：又作魏文侯，战国时魏国的建立者。

面。好心人，你有没有一升半斗的水，好让我活命呢？"我说："没问题！我要去南方游说吴国、越国的君王，到时候引西江[1]的水来救你，可以吗？"鲋鱼不高兴地变了脸色，说："我失去平常需要的水，没有安身之地，现在只要得到一升半斗的水就可以活命了，而你竟然说这些没有诚意的话，还不如早点到卖干鱼的市场找我吧！"

诗佳老师说

　　庄子向富有的监河侯借粮，必定是走投无路了才对人低头，但监河侯却开了一张空头支票，说要等拿到钱以后才能借。此时庄子"忿然作色"，不斥责对方，反而开始说起故事来。他讲了一则寓言反击监河侯，说鲋鱼在干枯的车沟中处境危急，需要的只是一点点水，如果千里迢迢跑去西江取水来救，远水救不了近渴，鱼终究会渴死。这是对那些空口说白话的人，强而有力的反击。

　　故事描绘监河侯的形象，揭露了他"假大方，真吝啬"的面目。文中以庄子"忿然作色曰"与鲋鱼的"忿

1　西江：蜀江。

然作色曰"两相呼应、对照，藉着说故事委婉的痛斥监河侯，透过鲋鱼的对话做讽喻，既委婉、又辛辣，艺术手法高妙。揭示了一个道理：当别人有困难时，先衡量自己的能力，然后诚心诚意地帮助，因为你的善心需要行动才能实现。

经典知识

相关成语：

"涸辙之鲋""辙鲋之急""远水救不了近渴"

出处

《庄子·外物》："周[1]曰："诺！我且南游吴、越之王，激[2]西江之水而迎子，可乎？"鲋鱼忿然作色曰："吾失吾常与[3]，我无所处。吾得斗升之水然活耳。君乃言此，曾不如[4]早索我于枯鱼之肆[5]！""比喻处于困境，急待救援的人。后讽刺见死不救，表面大方，却找借口推托的人。

---

1 周：庄周，庄子。
2 激：把水从低处赶到高处。
3 常与：经常在一起的，指水。
4 曾不如：还不如。
5 枯鱼之肆：卖干鱼的市场。

⑮ 鲁人徙越

战国·韩非[1]《韩非子·说林上》

【经典故事】

　　鲁国有人很擅长编织麻鞋，他妻子则擅长编织做帽子用的生绢，夫妻俩都有一技之长，想移居到越国发展。

　　有人知道了，就跑来对鲁人说："如果你们搬到越国，一定没有出路！"

　　鲁人诧异地问："为什么呢？"

　　这个人热心地说："做鞋是为了给人穿的啊！但是越国人却习惯赤脚走路；织绢是为了做帽子用的，给人戴在头上，但是越国人却喜欢披头散发，恰好都不需要麻鞋和绢帽。以你们夫妻俩的专长，搬去无法发挥你们专长的国家居

1　韩非：（约公元前280—前233年），韩国贵族，与李斯同为荀子的学生。口吃，但善于著书，创法家学派。受秦始皇重用，但遭到李斯陷害致死。著有《韩非子》，说理精密，逻辑性强，寓言丰富，代表先秦寓言的成熟期。

住，想要不穷困，哪能办得到呢？"

这则寓言有两种结局：

第一个是：鲁人搬去越国，只贩卖麻鞋和生绢，他们果然如朋友所说，变成穷人。鲁人身有一技之长，却要去让他们无用武之地的越国，说明在决定任何事以前都必须经过一番调查研究，要根据实际需要来采取行动，如果只凭自己的一厢情愿，结果必定是失败的。

第二个是：鲁人回答朋友说，他想要主导消费市场，藉着介绍新商品来吸引越国人，不但可能改变越人的生活习惯，还能达到传播的效果，这样必能有所发展，成为富人。试想，如果鲁人夫妇到了越国，认真地了解当地人的生活习惯，就能针对这些习惯介绍穿鞋戴帽的好处，成为富人就不足为奇了。

有个类似的故事也这么说：制鞋公司的老板派两个业务员去小岛上卖鞋子。几天以后，两人都回来了。一个说："那里的人都赤脚走路，我们的鞋子没有市场，所以我就回来了。"另一个人说："那里的人都光着脚，所以我们的鞋子很有市场，我回来准备带一批货过去卖。"如果你是鲁人，你会怎么想呢？

经典知识

相关成语：

"英雄无用武之地"

出处

《韩非子·说林上》："鲁人身善织屦[1]，妻善织

---

1 屦：jù，用葛、麻做的鞋子。

缟[1]，而欲徙[2]于越。或谓之曰："子必穷矣。"鲁人曰："何也？"曰："屦为履之也，而越人跣[3]行；缟为冠之也，而越人被发[4]。以子之所长，游于不用之国，欲使无穷，其可得乎？"人虽有才能，却无施展的机会，是因为没有事先做好调查研究，告诫我们做事要从实际出发。

---

1 缟：gǎo，生绢，白色的丝织品。
2 徙：xǐ，迁移。
3 跣：xiǎn，光脚。
4 被发：披散着头发。

⑯ 滥¹竽²充数

战国·韩非《韩非子·内储说上》

【经典故事】

齐宣王爱听音乐，也喜欢热闹，每次听人吹竽，必定叫来三百个人一起合奏。

城南有个隐士南郭先生听说了齐宣王的爱好，就毛遂自荐，请求为齐宣王吹竽。他说："大王啊！听过我吹竽的人没有不被感动的，我愿把我的绝技献给大王！"齐宣王很高兴，就直接将他编进三百人的吹竽队中。从此以后，南郭先生就混杂在人群中吹竽，天天享受官府供给的山珍海味。

过了几年，齐宣王死了，由儿子齐湣³王继位。

齐湣王也和父王一样爱听吹竽，可是他认为合奏的声音

---

1 滥：失真的，假的。

2 竽：古代的簧管乐器。

3 湣：mǐn。

实在太吵了，不如一人独奏来得悠扬动听。于是愍王发布了一道命令，要乐师们一个个轮流来吹竽给他欣赏。所有乐师都十分兴奋，希望藉着独奏以得到君王的赏识。

当天晚上，南郭先生就收拾行李逃走了。

诗佳老师说

故事描述了不会吹竽的南郭先生，混在吹竽的队伍里充数，好大喜功又昏庸的齐宣王竟然不辨真假，到死都不知真相。齐愍王的形象正好和宣王形成鲜明的对比。愍王明辨是非、详查忠奸的作风，很快就会找到骗子，使得南郭先生闻风而逃，明君的形象被生动地勾勒出来了。

故事不但讽刺那些冒充有本事，却没有真才实学的人，也讽刺了昏聩不明的君王。同时告诉人们：弄虚作假经不住时间的考验，终究会露出马脚，如果像南郭先生那样，靠蒙骗混饭吃，在他人还不了解真相时，也许能蒙混一时，但最终逃不过时间的检验，迟早会被揭穿虚假不实的伪装。

另一种有趣的思考，想想，南郭先生也有他的本事，能冒充在高手如云的皇家乐队中而不被识破，必有过人的伪装术；他能看透齐宣王的昏聩，针对喜好，大胆地毛遂自荐，更是高明的骗术。然而骗术终有被揭穿的一天，想成功，唯一的办法还是要勤学努力，练就真本领，才能面对考验。

明天开始，你们一个个独奏来听听！

只靠外表撑场面，内在没有真本事的南郭先生，终究会漏出马脚。

经典知识

相关成语：

"滥竽充数" "鱼目混珠" "名不副实"

《韩非子·内储说上》："齐宣王使人吹竽，必三百人。南郭处士请为王吹竽，宣王说之，廪食以数百人。宣王死，愍王立，好一一听之，处士逃。"比喻没有真才实学的人，混在行家中充数；有时也用于自谦之辞，谦虚说自己技艺不好，只能滥竽充数。

⑰ 买椟[1]还珠

战国·韩非《韩非子·外储说左上》

【经典故事】

楚国有个珠宝商人，到郑国卖珠宝。

为了抬高价钱，也为了吸引顾客的注意，他用木兰[2]为珠宝制作了一个匣子，质料细腻、坚固，颜色相当美观。他又在匣子上薰了牡桂和花椒的香气，再用名贵的珠玉来点缀它，又拿玫瑰色的美玉镶在上面，用呈现丝般光泽的翡翠镶在匣子外边。

商人选了一个热闹的地方，把珠宝装在华丽的匣子里，果然很快就围满了观看的人。他以为立刻就能将珠宝卖出，然而每个人问的都是那匣子的价钱。

终于，有人向商人表示他愿意出高价，但是他只要那匣

---

1 椟：dú，匣子。
2 木兰：木名，木质细致，质料坚固。

子而不要珠宝，竟然把珠宝退回给了商人。只能说这商人是善于卖匣子，但不善于卖珠宝啊！

诗佳老师说

客人只盯着华丽的盒子，却不要真正有价值的明珠，是因为对明珠没有辨识能力，所以将焦点转移到金光灿烂的珠宝盒了。我们平日就要培养鉴赏力和明辨是非的能力，否则就会像"买椟还珠"的这位客人那样，做出舍本逐末的事。

而商人将商品过分包装，使外表装饰的价值高于明珠的价值，也使他真正想贩卖的商品被拉走了焦点。其实有些商人为了获得利益，会故意过度包装，使商品的价格提高了许多，但是包装的成本都算在了客人的账上。美丽是可以适当地装饰，但真正的美丽却不应有太多人工的雕琢。如果一个事物真正美丽，那么它更不需要任何外界的装饰来衬托。

从另一个角度想，这个客人欣赏的"价值"可能是匣子的工艺美，不一定是世俗的价值，如果你认为他是一位艺术收藏家，也不是不行。而卖珠的商人为了让明珠更值钱，用华丽的包装突显商品，其实也是营销常用的方法。也许匣子卖掉了，光剩下明珠，去除装饰，明珠会更受到其他识货的客人赏识呢。

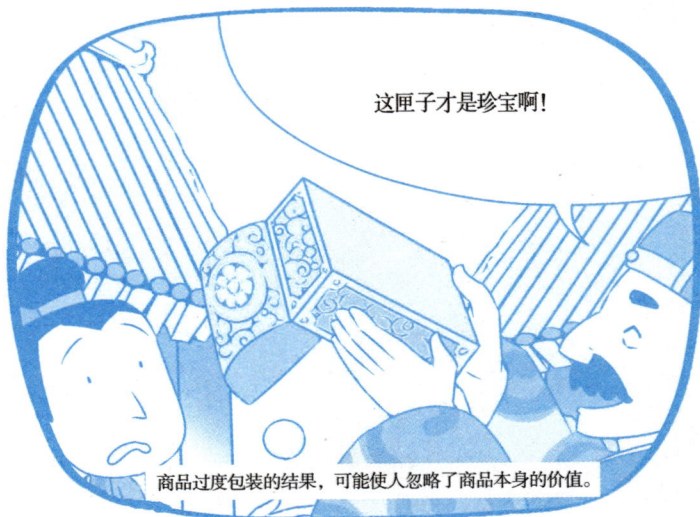

这匣子才是珍宝啊!

商品过度包装的结果，可能使人忽略了商品本身的价值。

经典知识

相关成语：

"买椟还珠" "得匣还珠"

出处

《韩非子·外储说左上》："楚人有卖其珠于郑

者，为木兰之柜[1]，熏以桂椒[2]，缀以珠玉，饰以玫瑰，辑[3]以翡翠。郑人买其椟而还其珠。此可谓善卖椟矣，未可谓善鬻珠也。"用来指称舍本逐末，取舍失当，只重外表，不重实质的人。

1　柜：匣子，盒子。
2　桂椒：香料名。
3　辑：缝边的意思。用翡翠在匣子上缝边。

⑱自相矛盾

战国·韩非《韩非子·难一》

【经典故事】

楚国有个卖矛¹又卖盾²的人，他做生意时，都会先夸耀自己卖的盾："我的盾造得很坚固，无论用什么矛都无法穿透它！"

接着，他又洋洋得意地夸耀起自己卖的矛："我的矛非常尖锐，无论用什么盾都会被它穿破！"这说法吸引了很多客人的注意。

众人正在议论纷纷，忽然有个响亮的声音问道："我很想知道，既然你的矛和盾都是当世无双，如果用你的矛去刺你的盾，会有什么结果？"说话的这个人经过摊位，好奇地跟着别人留下来听了一会儿，终于忍不住开口。

---

1 矛：长矛，古时一种长柄、头装有尖刀的兵器。
2 盾：防御用的盾牌。

旁观的人纷纷附和，大家都很好奇。

生意人睁大眼睛，整个脸涨得通红，一直红到了耳根子里，却什么话都答不出来了。

诗佳老师说

世上没有牢不可破的盾，也没有无坚不摧的矛，楚人夸大了矛与盾，无非是为了贪图私利而扭曲真相，结果，却让自己陷入了不能自圆其说的窘境。

什么都不能刺穿的盾，与什么都能刺穿的矛，不可能同时存在这世界上。故事中的生意人犯了逻辑上的错误，这也是一般人常有的。你是否也做过一些事，曾发生自相矛盾的情况呢？

矛盾的现象是普遍存在的，任何事物都有矛盾，像在人际关系里，男生和女生经常对同一件事情的认知产生矛盾。发生事情时，多数男生想到的是怎样快速理性的解决，很多女生首先需要的却是情绪上的安抚，男女因此常常发生"你不能了解我"的误会；主管和属下也常有利害关系的矛盾，主管需要能干的属下，但属下若是太能干了，主管又害怕被超越。

虽然有矛盾就容易有冲突，但却不见得是坏事，矛盾其实象征了事物的进步与发展。能够认识矛盾，积极的分析、研究和解决矛盾，才能让事物、让人我之间的关系，化矛盾为和谐。

拿矛和盾互刺，会有什么结果?

做生意自夸过分了，自相矛盾的结果，就是无法自圆其说

经典知识

相关成语：

"自相矛盾"

《韩非子·难一》："楚人有鬻矛与盾者，誉[1]之曰："吾盾之坚，物莫能陷[2]也。"又誉其矛曰："吾矛之利，于物无不陷也。"或[3]曰："以子之矛陷子之盾，何如？"其人弗能应[4]也。"比喻人说话或做事前后不一致，互相抵触。

---

1 誉：赞美，自夸。
2 陷：穿透，刺破。
3 或：有人。
4 弗：不。应：回应。

⑲守株待兔

战国·韩非《韩非子·五蠹》

【经典故事】

宋国有个农夫每天辛勤耕作，他的田地中间有一截断掉的树桩，从不会引起他的注意。

直到有一天，有只跑得飞快的野兔竟然一头撞在树桩上，当场扭断脖子死了。这对农夫来说，简直就是天上掉下来的礼物，是老天爷赏赐的免费野味！他提着兔子兴冲冲的回家，对老婆和左邻右舍炫耀。

从此以后农夫便不再种田了，他丢掉手中翻土用的耒[1]，天天守在树桩子旁，盼望着能再得到一只免费的兔子。但是，他却再也没等到这样自投罗网的野兔了，不但如此，他的田地也荒废到完全无法耕作的地步。

宋国的人听说了，都嘲笑他愚蠢的行为。

---

1 耒：lěi，古代用来翻土的农具。

诗佳老师说

　　战国时期的思想家韩非子，为了提醒君王治理人民要建立适当的政策，不可刻板地遵循旧法，而不管适不适合当前社会，于是讲了"守株待兔"的故事说明这个道理，同时也讽刺当时政策的腐败和官员的愚笨，他们用旧法治理国家，就会像这个农夫一样徒劳无功。

　　农夫的错误，就是把偶然发生的事情，当成绝对会发生的。要知道，从天上白白掉下馅饼，是绝对不可能发生的事情，除非有人乘坐飞行工具，刻意从上面丢下馅饼，被人在地面上接住，但那也不是每天都有的机会。想得到回报，就该自己创造机会，而不是留在原地空等待。故事告诉我们：只有透过努力才能有所收获，否则终将一无所获。

　　除了以上，"守株待兔"也能用在好的方面。试想，如果农夫能掌握兔子经过田地的规律，在兔子必经之地设下陷阱，等兔子掉入，也是个好办法。又譬如战争时，某条路是敌军必经之地，只要设下陷阱"守株待兔"，便可将敌军手到擒来。

农夫把兔子偶然撞树当成每天会发生的事，妄想不劳而获。

经 典 知 识

相关成语：

"守株待兔" "坐享其成"

出处

《韩非子·五蠹》："宋人有耕者。田中有株[1]，

---

1 株：zhū，树木被砍断后残留的树桩。

兔走触[1]株，折颈而死。因释[2]其耒而守株，冀复[3]得兔；兔不可复得，而身[4]为宋国笑。"比喻不主动努力，而存万一的侥幸心理，希望得到意外的收获。

1　触：撞。
2　释：放下。
3　冀：希望。复：再。
4　身：自身。

㉒ 画蛇添足

《战国策¹·齐策》

【经典故事】

楚国有个主管祭祀祖先的官员，把一杯酒赏给前来帮忙的门客²们，但是只有一杯酒，大伙不知该怎么分。

门客互相商量，最后决定："几个人分一杯酒，显然不够，要一个人喝这杯酒才够。这样好了，大家各自在地上画一条蛇，第一个画好的人，就可以喝下这杯酒。"大家都觉得有趣，立刻蹲下来画蛇。

有个门客快手快脚，第一个就把蛇画好了。他左手拿起酒杯准备饮酒，神情自得，右手还继续在地上画着，得意洋洋地说："我不但很快把蛇画好了，还可以帮蛇添上脚！"

1　战国策：记述了战国时游说之士的策谋和言论，包含东周、西周、秦、齐、楚、赵、魏、韩、燕、宋、卫、中山等十二国国策。寓言数量多，政治性、现实性、口语性强，情节有趣，比喻巧妙。
2　门客：门下的食客，手下办事的人。

这时，另一个人的蛇也画好了，那人站起来，一伸手，把门客手上的酒抢过来，指着地上说："蛇本来是没有脚的，你怎么能多画出四只脚呢？那根本不是蛇，你没资格喝这杯酒！"随即笑嘻嘻地将酒一饮而尽。

画蛇添足的人，最后还是失去了那杯酒。

诗佳老师说

故事的情节很有趣，一杯酒怎能让那么多人共饮？看来只有用比赛分出胜负，让一人独饮了。比赛方式是"画地为蛇"，所有人都认真作画，偏偏有人先将蛇画好了又不满足，还为蛇添上了脚。这样就不符合比赛的要求了，最后输掉了本该属于自己的那杯酒。

本篇人物形象刻划得生动有趣。画蛇添足的人得意洋洋，夸耀"吾能为之足"，但他连蛇本无足的常识都忽略了，这是对骄慢无知的人最辛辣的讽刺。虽然故事情节简单，寓意却丰富而深刻。后人便用"画蛇添足"比喻节外生枝，提醒人们：做任何事情都要实事求是，不要自作聪明，否则可能会适得其反，把事情搞砸了。

画蛇添足是如此，另一句"画龙点睛"呢？画龙点睛是指在写文绘画、说话做事时，懂得掌握关键和重点的人。它的意思是，要做一个懂得观察整体、懂重点的人，不要"画蛇添足"。两个词语的意义正好相反。

蛇没有脚，你没资格喝酒！

得意忘形和自作聪明的行为使人输掉的将不是一杯酒。

经典知识

相关成语：

"画蛇添足" "多此一举" "节外生枝"

　　《战国策·齐策》："一人蛇先成，引酒且饮之，乃左手持卮[1]，右手画蛇，曰："吾能为之足。"未成，一人之蛇成，夺其卮曰："蛇固[2]无足，子安能为之足？"遂饮其酒。为蛇足者，终亡[3]其酒。"比喻做多余的事，反而有害，做事时要掌握清楚方向，以免弄巧成拙。

1　卮：zhī，酒器。
2　固：本来。
3　亡：失去。

㉑狐假虎威

《战国策·楚策》

【经典故事】

老虎在山中寻找各种动物，打算饱餐一顿，它花了很长时间寻寻觅觅，终于找到了一只看起来十分"可口"的狐狸。

狐狸好害怕，吓得全身不停地发抖。忽然，它脑中灵光一闪，就对老虎说道："你不敢吃我。你以为自己是万兽之王吗？错了！我才是上天派来掌管百兽，要当群兽领袖的万兽之王，如果你吃掉我，就是违背上天的旨意！如果不相信我，就让我走在前面，你跟着我进入森林，看看动物们见到我，是不是避之唯恐不及？"

老虎听信了狐狸的话，就和狐狸走在一起。动物们一见到它们，纷纷没命地四散奔逃，很快就不见了，只留下平静而幽暗的森林。

老虎不知道动物们是害怕自己才逃走的，还以为是害怕狐狸呢!

诗佳老师说

读这则故事，可以涌现出许多问题：狐狸为何藉老虎的威风？是为了吓跑百兽满足虚荣心？还是为了逃离虎口？或是有别的意图？狐狸作为食物被老虎捕获，面临残酷的生存危机，这时除了丢出险招，它还能怎么做？狐狸选择的是"假虎威以自救"，狐狸的生存之道，闪烁着智慧的光芒。

进一步想，狐狸藉着老虎的威风，能在森林中吓唬别人，也让自己逃离了虎口，可是一时的机智，恐怕不能遮掩狐狸的弱势太久，把戏一旦被揭穿，非但会受到群兽的围攻，还会被受骗的老虎吞吃。所以必须先洞悉老虎的愚昧，在准确地了解对方的基础上，用天衣无缝的语言欺骗对方，事情才会成功。

"狐假虎威"后来用作负面的含意，比喻藉着别人的势力欺压人。故事中的狐狸借老虎的威风吓跑了百兽，反映现实中有些人借助权势欺骗恫吓人们的现象。

现实中，所有性格狡猾、奸诈的人，总是喜欢说谎话，装腔作势，他们虽然借助外力能得意一时，但本质仍旧是不堪一击。

我才是万兽之王！大家都怕我！

狐狸假借老虎的威势，成功的让自己脱离了险境。

经典知识

相关成语：

"狐假虎威" "狐虎之威" "狗仗人势"

《战国策·楚策》："虎求[1]百兽而食之，得狐。狐曰："子无敢[2]食我也，天帝使我长[3]百兽，今子食我，是逆天帝命也。子以我为不信[4]，吾为子先行，子随吾后，观百兽之见我而敢不走[5]乎？"虎以为然，故遂与之行；兽见之，皆走。虎不知兽畏己而走也，以为畏狐也。"比喻藉着有权者的威势欺压别人。

---

1 求：寻找。
2 子：你。无敢：不敢。
3 长：zhǎng，掌管。
4 不信：不可信。
5 走：逃跑。

㉒惊弓之鸟

《战国策·楚策》

【经典故事】

　　神射手更嬴[1]与魏王站在高台之下，抬头看见飞鸟从头顶掠过。

　　更嬴对魏王笑说："我能不放箭只拉弓，靠弓弦的声音就可使鸟儿掉下来。"

　　魏王不太相信，质疑道："你射箭的技术，真的可以这么高超吗？"

　　更嬴自信满满地说："能！"

　　此时远远望去，有只孤雁正从东方飞来。更嬴算准距离拉满弓，便朝着天空虚射一箭，雁果真应声而落。立刻就有仆人捡来呈上。

　　魏王看着雁，它的身体并没有受伤，简直不敢相信

1　嬴：léi。

自己的眼睛，惊呼道："难道箭术真的可以达到这么高的境界？"

更羸微微一笑，解释道："其实这鸟曾经受过箭伤，所以再听见弓弦声，就惊吓地掉落下来，并不是因为我的箭术高明。"

魏王更纳闷了："先生怎知道它受过伤？"

更羸答："您看它飞得那么慢，又一边发出哀鸣。慢，是因为旧伤疼痛；悲鸣，是因为孤单很久，而且旧伤口还没愈合，惊魂未定。这些因素下，自然一听见弓弦声就拼命地展翅高飞，造成旧伤复发而掉落下来了。"

诗佳老师说

曾经受过惊吓的人再遇到类似的情境，就会非常害怕，这是基本常识。更羸就是根据常识，透过细腻的观察、精准的分析和判断，得出"惊弓之鸟"的结论，而演出虚拉弓弦就能射落大雁的"高超箭术"。更羸这种观察、分析、判断的能力，只有长期努力的学习和累积经验，才能培养出来。

鸟之"惊弓"，是动物的本能，更羸巧妙地掌握了它的规律，运用自己丰富的狩猎经验，从大雁飞翔的速度和鸣声中，判断动物的内在心理。其实生活的所有现象，都蕴含了能揭露出内在的线索，只不过，我们必须由外而内仔细地分析，才能掌握问题的关键，求学、工作、做人都是如此。

受过创伤所得到的经验教训，深刻而珍贵。如果要从创伤中提炼出宝贵的教训，就必须痛定思痛地反省，培养斗志，使伤口在肉体和精神上都愈合了，再重新出发。否则，创伤只是表面的愈合，但心灵并没有得到恢复，就很容易变成"惊弓之鸟"，更不堪一击。

我靠弓弦的声音就能使鸟落下！

更赢细腻的观察、精准的分析和判断，使"惊弓之鸟"手到擒来。

◇经◇典◇知◇识◇

相关成语：

"惊弓之鸟" "心有余悸"

出处

《战国策·楚策》："更羸曰："此孽[1]也。"王曰："先生何以知之？"对曰："其飞徐[2]而鸣悲。飞徐者，故疮[3]痛也。鸣悲者，久失群也。故疮未息而惊心未去[4]也。闻弦音，引[5]而高飞，故疮陨[6]也。"比喻曾受过打击或惊吓，心有余悸，稍微遇到变故就害怕。

---

1 孽：niè，灾祸。这里指雁曾受过箭伤。

2 飞徐：飞得慢。

3 故疮：旧伤口。

4 息：平息，这里是伤口痊愈的意思。未去：没有离去，指惊魂未定。

5 引：展翅欲飞。

6 故疮陨：旧伤复发而掉下来。陨：yǔn，坠落。

㉓南辕北辙

《战国策·楚策》

【经典故事】

魏王想攻打赵国的国都邯郸[1]。

季梁听到这件事，立刻半路折返，顾不到整理衣服的皱褶，来不及拍去头上的尘土，急急忙忙面见魏王，说："我今天回来时，看见有人往太行山去，他朝北方走，拿着马的缰绳驾车，打算前往楚国。我问他："你要到楚国，为什么往北走？"他说："我的马脚力好。"我说："马虽然好，但这不是去楚国的路啊！"他又说："我的旅费充足。"我说："你的旅费再多也没用，这不是去楚国的路啊！"他又说："我的车夫技术好。"就算这样，但方向错了，只会离楚国越来越远。"

听到这里，魏王像是有所领悟地点点头。

1　邯郸：hán dān，赵国国都，在河北邯郸市。

季梁又道："大王想完成霸业，一举一动都要取信于天下人，才能众望所归。但现在魏国仗着国力强大，军队精良，就决定攻打邯郸，以扩充领土、抬高声望，您这种不合理的行动越多，就离建立王业的道路越远！就像要去南方的楚国却往北走是一样的错误。"

诗佳老师说

辕，是车前用来套驾牲畜的两根直木，左右各一。辙，是车轮碾过所留下的痕迹。辕向南，辙向北，比喻行动与目的相反，结果只会离目标越来越远。

战国后期，曾经雄霸天下的魏国国力渐衰，可是国君安厘王圉[1]仍想出兵攻打赵国。季梁为了打动魏王，便采用现身说法的方式，讲了一个"南辕北辙"的故事，说明魏王的行动实际是与自己的目的背道而驰。

为了晓喻他人，我们说的故事并不一定非得真实，故事之所以要与亲身经历相关，是为了让故事更生动、更有说服力。季梁说服魏王时，就是用的这种方法，将故事、案例融入"亲身经历"，就更容易打动对方。

1　圉：yǔ 。

季梁指出，选定正确的方向，才是决定事业成败的关键。

经典知识

相关成语：

"南辕北辙""背道而驰"

出处

《战国策·楚策》："魏王欲攻邯郸。季梁闻之，中道而反[1]；衣焦不申[2]，头尘不去，往见王曰："今者

1　中道而反：半路折返回程。
2　焦：皱缩。申：伸展。

臣来，见人于大行[1]，方北面而持其驾[2]，告臣曰："我欲之[3]楚。"臣曰："君之楚，将奚为[4]北面？"曰："吾马良。"臣曰："马虽良，此非楚之路也。"曰："吾用[5]多。"臣曰："用虽多，此非楚之路也。"曰："吾御者善[6]。"此数[7]者愈善，而离楚愈远耳。"比喻行动和目的彼此背道而驰。

1　大行：一说是太行山，另一说是指大路。

2　方北面：正向北方。持其驾：手持着缰绳，驾着马车。

3　之：往。

4　奚为：为什么。

5　用：费用，旅费。

6　御者善：马车夫的技术高明。

7　数：shuò，频繁的，屡次。

㉔螳臂当车

西汉·韩婴[1]《韩诗外传》卷八

【经典故事】

　　齐庄公有一次乘车去打猎，在路上忽然见到一只小小的虫子，伸出两条臂膀似的前腿，姿态英武，似乎想阻挡前进中的车轮，搏斗一番。

　　庄公探身好奇地问前方驾车的人："这是什么虫子？"

　　驾车的人答道："大王，这是螳螂。这只小虫子看见车子来了，只知道勇猛向前，却不知道赶快退避，不衡量自己的力量就要跟敌人打仗。"

　　庄公却仰头大笑，说道："如果拿出螳螂的精神做人，必定能成为天下最出色的勇士。绕道走，别伤害它吧！"

1　韩婴：（约公元前200年—前130年）著有《韩诗内传》和《韩诗外传》，南宋以后仅存《外传》。其中的寓言多来自先秦诸子书，少有独创作品。

于是驾车的人迂回地绕过螳螂，从路旁走过去了。

这件事情很快地传扬开来，人们都说齐庄公敬爱勇士，远方许多勇敢的武士，便纷纷前往齐国归附于他，为齐国效力。

诗佳老师说

"螳臂当车"的故事，在《庄子·人间世》、刘安《淮南子·人间训》和韩婴《韩诗外传》中都有记载，但讽喻目的不同。《庄子》中此篇是比喻人如果不自量力，必然失败。《淮南子》说军队的勇士们听了这件事，都懂得该如何尽心地保卫国家。《韩诗外传》则是给予齐庄公之类的领导者启示：要尊重和珍惜真正的勇士，天下的勇士就会纷纷前来为他效力。

在庄子眼中，螳螂的自不量力难当重任，这是告诫世人：像螳螂那样的人，一旦跟别人真枪实弹较量，没有不失败的。但是在齐庄公眼里，螳螂却是个英雄，只凭着弱小的血肉之躯，竟然敢和庞大的车子对抗，勇气可嘉。庄公避开螳螂绕路而行，是因为尊重勇士，他看见了小螳螂的伟大。

一只小螳螂的举动，看到的人各有看法，同一个故事像这样经过辗转引用之后，根据说故事者的目的、讽喻对象的不同，能产生不同的寓意，这是寓言具有丰富内涵的特点。

螳螂无惧大车，真是勇士啊！

勇气的力量是小螳螂能够超越形体限制的主要原因。

经典知识

相关成语：

"螳臂当车" "自不量力"

出处

《韩诗外传》卷八："齐庄公出猎，有螳螂举足，将搏[1]其轮。问其御[2]曰："此何虫也？"御曰："此是螳螂也。其为虫，知进而不知退，不量力而轻就敌[3]。"庄公曰："此为人[4]，必为天下勇士矣！"于是回车[5]避之，而勇士归之[6]。""比喻不自量力，抗拒无法抗拒的强大力量，必定会导致失败。

---

1 搏：bó，搏斗。
2 御：驾车的车夫。
3 轻就敌：轻易就和敌人打仗。
4 此为人：用这种精神做人。
5 回车：掉转车子。
6 归：归附。

㉕塞翁失马

西汉·刘安[1]《淮南子·人间训》

【经典故事】

边塞[2]附近有个老人精通算命，能藉着观察自然现象推测个人和国家的祸福。这天，他的马无缘无故的逃到了胡人的领土，追不回来了。所有人都对老人表示惋惜。但老人却说："失去了马，怎么就知道不是好事呢？"众人都感到纳闷。

几个月后，老人的马竟然带着几匹胡人的骏马回来了。所有人听到走失的马竟然能带回来其他的马，都纷纷跑去向他祝贺。老人却说："得到了马，怎么就知道不是坏事呢？"众

---

1 刘安：（公元前179年—前122年）西汉思想家、文学家，世袭淮南王。刘安和门客苏非、李尚、伍被等著有《淮南子》，又称《淮南鸿烈》，善用历史故事、神话传说和寓言来说理，有些寓言立意新颖，不少佳作。
2 边塞：国家边界险要之处，多军队驻守。

人都摸不着头脑。

老人家里养着许多好马，他儿子常用来练习骑术。有一次骑马时，不小心从马背上掉下来，摔断了大腿。所有人都安慰老人，为他儿子的遭遇感到唏嘘不已。不过老人竟然说："儿子腿断了，怎么就知道不是好事呢？"众人更觉得老人老糊涂了，他儿子将来可能跛脚，怎么会是好事？

过了一年，胡人大举入侵边塞地区。政府命令附近的青壮年男子，都要拿起弓箭作战。战争中，被征召从军的年轻士兵大多数都死了，只有老人的儿子因为跛脚而免于征战，能在家中侍奉父亲；有了儿子的尽心奉养，老人也就能安享天年。父子俩都得以保全了。

诗佳老师说

老子说："祸兮福之所倚，福兮祸之所伏。"世事往往福成为祸，祸变成福，祸与福互相依存，可以互相转化。坏事可能引出好的结果，而好事也可能招来坏的结果，祸福之间变化无穷，深不可测。

人世间的好事与坏事都不是绝对的，在一定的条件下，矛盾的双方可能会发生"转化"，将好坏的结果调转，至于怎样才会发生转化，这要看客观的条件才能决定。好比故事中老人的儿子摔断腿，表面看是坏事，谁知国家发生战争，儿子可以免去兵役，摔断腿又成了好事，假使没有战争，也可能有其他的事使断腿变成好事。这告诉我们：人要用平常心来看待祸福。

换个角度颠覆故事的主旨。"覆巢之下无完卵"，儿子虽然摔断腿不必打仗，但如果国家输了这场战争，恐怕所有的人都很难幸免于难，毕竟国家的兴亡，牵动着许多微小个人的命运。

"塞翁失马，焉知非福"，人生祸福难料，应该以平常心面对。

经典知识

相关成语：

"塞翁失马" "因祸得福"

出处

《淮南子·人间训》："近塞上之人，有善术者[1]。马无故亡而入胡[2]。人皆吊[3]之。其父曰："此何遽[4]不能为福乎？"居数月，其马将胡骏马而归，人皆贺之。其父曰："此何遽不能为祸乎？"家富良马，其子好骑，堕而折其髀[5]，人皆吊之。其父曰："此何遽不能为福乎？"居一年，胡人大入塞，丁壮者引弦[6]而战，近塞之人，死者十九[7]，此独以跛之故，父子相保[8]。"比喻祸福时常互转，不能以一时论定。

1　善术者：算命师。

2　亡：逃跑。胡：古时对北方少数民族的通称。

3　吊：哀悼。

4　遽：就。

5　髀：bì，大腿骨。

6　引弦：拿箭拉弦射击，形容作战。

7　十九：十分之九。

8　保：保全（性命）。

㉖景公善听

西汉·刘向[1]《说苑·君道》

【经典故事】

　　晏子逝世十七年以后。有一天，齐景公请大夫们喝酒，酒酣耳热时射箭助兴。景公射了一箭，却偏离了箭靶没有射中。在场的官员们却纷纷叫好，震天价响，如出一人之口。

　　景公变了脸色，叹着气，一挥手就将弓箭丢掉。

　　这时，弦章进来了。景公说："弦章！自从我失去晏子，已经十七年了，再没听到有人批评我的过错。今天射箭偏离了箭靶，还是听到一片叫好声！"说罢，又长叹了一口气。

　　弦章微微一笑，答道："这是臣子们没有才能啊！他们

1　刘向：（公元前77年—前6年），著有《说苑》，内容在阐明儒家的政治思想和伦理观念。其中的寓言多来自先秦诸子书，也有作者独创的，并使寓言独立成篇，不再只是辩论说理的工具。

的智慧不足以知道您的错误，他们的勇气也不足以触犯您的君威。但是有一点，听说："君王喜好什么颜色，臣子就会穿什么颜色的服装；君王喜欢吃什么，臣子就吃什么。"正如尺蠖这种小虫吃黄色的植物，身体就会变成黄色，吃绿色的植物，身体就是绿色的。您身边大概有谄媚的人在说话吧？"

景公大为赞赏，说："太好了！弦章，你真足以作为我的老师！"

诗佳老师说

弦章点出大臣阿谀奉承的原因，是因为他们没有能力知道君主的错误，就算知道了也没有勇气指出来。君主的喜好，也决定了谄媚者的存在，如果君主不喜欢人谄媚，身边的人自然不敢以谄媚求利。

故事后来说，齐景公将五十车的鱼赐给弦章，弦章回家时，装鱼的车塞满了道路，然而弦章却拍着车夫的手说："从前那些只说好话的人，都是想得到鱼的人。过去晏子谢绝赏赐，才有立场指正君王。我辅佐君王并没有比别人出色，却接受赏赐，这便和谄媚的人相同啊！"于是谢绝了景公送他的鱼。

弦章的廉洁，是晏子遗留下来的德操，虽然贤能的晏子过世了，但是弦章的德操也可与之媲美。故事以晏子、弦章互相对照，衬托出弦章是晏子的继承者，使这个充满智慧的贤人形象，跃然于纸上。

经典知识

相关成语：

"阿谀奉承"

出处

《说苑·君道》："弦章入。公曰："章！自吾失晏子[1]，于今十有七年，未尝闻吾过不善。今射出质，而唱善者若出一口！"弦章对曰："此诸臣之不肖[2]也。知[3]不足以知君之不善，勇不足以犯君之颜色[4]。然而有一焉，臣闻之：'君好之，则臣服[5]之；君嗜之，则臣食之。'夫尺蠖食黄[6]则其身黄，食苍则其身苍[7]，君其[8]犹有谄人言乎！"比喻不明是非的曲意奉承，讨好他人。

1　晏子：春秋时齐国的卿相，素有贤名。

2　不肖：不好，过失。

3　知：zhì，智慧。

4　犯：冒犯。颜色：脸色，情绪的表现。

5　服：动词，穿衣服。

6　尺蠖食黄：尺蠖，蠖，huò。一种会危害树木、棉花的虫子。食黄，吃黄色叶子。

7　食苍：吃绿色叶子。苍，绿色。

8　其：大概。

㉗叶公好龙

西汉·刘向《新序·杂事》

【经典故事】

叶公[1]非常喜欢龙。

传说龙可以隐形，在春风吹起时登上天际，秋风来时又潜入深渊，还能兴云致雨。龙也是皇权的象征，所以叶公喜爱极了，不但在用来挂装饰品的衣带钩上画龙，在平日使用的酒器上画龙，连房间里雕镂装饰的花纹也是龙。

叶公这样爱龙，天上的真龙知道以后，也感到好奇，便从天上轻飘飘地降临到他家里。真龙伸长了龙头在窗户外窥探，还将龙尾拖到了厅堂里，好奇地在房子内外探头探脑，四处游走，把屋里的人吓得魂不附体，纷纷走避。

叶公一看是真龙，也害怕得转身就跑，躲回屋内，魂魄都飞了似的，脸色大变，身体不由自主的发着抖。

1　叶公：春秋时的楚国贵族，名沈诸梁，字子高，封于叶，故称叶公。

由此看来，叶公并不是真的喜欢龙，他喜欢的只不过是那些长得像龙、却不是龙的东西罢了。

诗佳老师说

这个故事是子张见鲁哀公时说的。鲁哀公经常对人说自己非常渴望人才，喜欢有知识才干的人。孔子的学生子张听说后，就风尘仆仆地来到鲁国，求见鲁哀公。但是子张在鲁国住了七天，却未等到鲁哀公，原来鲁哀公说自己爱才，只是学别的国君这么说而已，对前来求见的子张根本没当一回事。子张很失望，于是讲了"叶公好龙"的故事，并让车夫转述给鲁哀公听，就悄然离去了。

龙既然有如此崇高的地位，谁能不喜爱它呢？然而有人喜爱龙，并不是真的爱龙，只不过是人云亦云而已，就像叶公好龙和鲁哀公爱才一样。有些人表面上爱好某事物，实际上并不是真的喜爱，或者实际上并不了解某事物，一旦真正接触，不但不会喜爱，甚至还会惧怕它，因为不是真正的喜爱，就无法面对真正的现实。

不要！不要！

你不是喜欢我吗？

只是想象的喜爱，并非真正的爱，无法面对残酷现实的考验。

经典知识

相关成语：

"叶公好龙" "表里不一"

出处

《新序·杂事》："叶公子高好[1]龙，钩以写龙[2]，

1　好：喜好。
2　钩以写龙：在衣带钩上画龙。

凿[1]以写龙，屋室雕文以写龙。于是天龙闻而下之，窥头于牖[2]，施[3]尾于堂。叶公见之，弃而还[4]走，失其魂魄，五色无主[5]。是叶公非好龙也，好夫似龙而非龙者也。"

比喻表里不一，似是而非的假象。

---

1 凿：盛酒的器皿。

2 牖：yǒu，窗户。

3 施：shī，拖。

4 还：huán，返回。

5 五色无主：脸色大变。

㉘对牛弹琴

西汉 · 牟融《理惑论》[1]

【经典故事】

公明仪带着琴来到城郊的田野散步，暖暖的春风将青草香拂过他的鼻端，空气中都是花草的芬芳。他席地而坐，将琴放在面前，手一扬，便弹奏了起来，琴声飘扬，妙音静心，使人闻之沉醉。公明仪不愧是鲁国著名的音乐家啊！在他手指的拨弄下，悠扬的琴声在青山绿水间飘荡，也在时光中流动着。

一曲弹毕，公孙仪环顾四周，发现不远处有一头大公牛正低着头吃草。他兴致来了，突发奇想地要为这头牛演奏一曲，于是拨动琴弦，弹奏了一首高雅的清角调琴曲，在高华

---

1 理惑论：作者牟融（公元？—79年），字子优，著有《牟子》二卷，又称《牟子理惑论》、《理惑论》，是中国最早的佛教论书。全书采用客主问答的形式，问者对佛教提出种种疑问和责难，牟子则引经据典逐一加以解释或辩驳，在一问一答之间阐述了佛法的义理。

悠雅的乐声中，仿佛可见草地上开了数不尽的野花，轻轻地随风飘动。虽然公明仪弹奏的曲子非常动听，但吃草的牛儿却不动如山，仍然静静地低着头吃草，因为牛虽然能听到琴音，却不能理解曲中传达的美妙意境。

公明仪无奈地看着这头牛，他沉吟了一会儿，像是想到了什么，忽然挥手抚动琴弦，弹出奇怪杂乱的声音，有的像嗡嗡的蚊子声，有的像迷路的小牛发出来的叫声。这时牛竟像突然醒过来似的，摇摇尾巴，竖起耳朵，小步走近听了起来。

诗佳老师说

对不懂道理的人讲道理，只是白费口舌而已，就像公明仪对着一头牛弹琴，对牛来说，再美妙的琴声都是毫无意义的，牛怎会听得懂乐理呢？公明仪为牛弹奏古雅的清角琴曲，但牛依然埋头吃草，并不是牛不要听，而是曲调不悦它的耳，如果能弹奏牛听得懂的音乐，即使是牛，也能成为知音。

在生活中，我们常遇到"对牛弹琴"的状况，像许多父母与孩子在沟通上有问题，人与人之间互不了解所产生的问题，我们自以为很努力地在跟对方沟通，但对方所理解到的讯息，却和我们的差距很大，这多半是因为各自用自己的语言说话、各有自己的想法，因此不能使对方了解自己。故事中，聪明的公明仪最后改弹奏牛听得懂的蚊子声、小牛叫声，牛才听得懂，于是给了我们另一种思考：当遇到听不懂你道理的人时，不妨就用对方能听得懂的语言来沟通。

嗡嗡

只要能弹出牛听得懂的音乐，照样能得到牛的欣赏。

经典知识

相关成语：

"对牛弹琴""白费口舌"

出处

《理惑论》："昔公明仪[1]为牛弹清角之操[2]，伏食如故。非牛不闻，不合其耳矣。转为蚊虻[3]之声，孤犊[4]之鸣，即掉尾奋耳[5]，蹀躞[6]而听。"比喻对不懂的人谈高深的道理，只是白费口舌。

1　公明仪：春秋时曾子的弟子。曾子是孔子弟子，公明仪是再传弟子。
2　清角之操：音律境界高深的曲子。清角，古代曲调名。操，琴曲。
3　蚊虻：蚊子。
4　孤犊：离开母亲的小牛。
5　掉尾奋耳：甩动尾巴，竖起耳朵。
6　蹀躞：dié xiè 小步的来回走动。

㉙仕数不遇

东汉·王充[1]《论衡·逢遇》

【经典故事】

有个读书人一生想当官都没有得到赏识，现在他已经是个老人了，鬓发都斑白了，恐怕再也没有做官的机会了。这天他走在路上想着想着，就站在路边哭起来了。

有个路人经过，很诧异地问他："您为什么哭泣？"

读书人拿起袖子抹抹眼泪，答道："我几次求官都得不到任用。现在想到自己已经年老，失去机会了，所以伤心落泪。"

那人又问："您为什么连一次都得不到赏识呢？"

读书人答道："我年轻时苦读经史，后来学问有成，便想靠本事谋个官职，没想到当时的君王却喜欢重用老年人，

---

[1] 王充：（公元27—约97年），字仲任。家贫无书，在洛阳书肆中阅读自己卖的书，后来博通古今。著有《论衡》，探讨哲学、政治、宗教、文化等问题，其中的寓言多能点出世俗的荒谬，富于智慧。

认为老人经验丰富。君王死后，继位的君王又喜欢重用武士，说武艺可以强国，于是我改学习武，谁知道武功刚学成，好武的君王又死了。现在新的君王刚即位，听说很喜欢用年轻人，而我已经老了，所以一生不曾得到赏识。"说完又感伤起来。

路人听了直摇头，叹道："做官是要靠机运，不能强求的。"

诗佳老师说

读书人的遭遇反映了古时人才的选拔任用，只凭统治者的主观好恶来决定，或是爱文、或是好武，或是尊老、或是爱少，都没有固定的制度和严格的保障，在这种情况下，不知埋没了多少人才。

即使是在有考选任用制度的现代，当官何尝不需要机运？考试有考运的问题，升迁有竞争的压力，就算想迎合长官、君王的喜好，也不一定有用，因为"人主好恶无常"、"伴君如伴虎"，每当政局发生变化，在位者随时有可能变动，"生不逢时"就成了经常会有的感叹。

故事揭露了君王的好恶无常导致人才埋没，又藉着读书人怀才不遇，来讽刺世人不能洞察政治的生态和不可测的机运，一昧盲目追求做官的心态。

我终于变年轻了！

可是新君主要任用女人，怎么办？

君主的喜好是永远追逐不完的，与其如此追逐，不如随遇而安。

经典知识

相关成语：

"身不遇时" "怀才不遇"

《论衡·逢遇》："人曰："仕奈何不一遇也？"对曰："吾年少之时学为文[1]。文德[2]成就，始欲仕宦[3]，人君好用老。用老主亡，后主又用武。吾更为武，武节[4]始就，武主又亡。少主始立，好用少年，吾年又老。是以未尝一遇。"比喻人没有遇到好的机缘、机会。

1　文：指礼乐、典章制度。

2　文德：文章、道德。

3　仕宦：出任官职。

4　武节：武艺兵法。

30 随声逐响

东汉·王符[1]《潜夫论·贤难》

【经典故事】

司原先生晚上点了火把在野外打猎，森林里的鹿看见火光，都很快地往东边跑了，司原先生便放声吼叫，打算将鹿赶过来。

这时西边有一群追捕野猪的人，他们听到司原先生的叫声，便也争着高声叫，附和他的叫声。司原先生听到那么多人的声音，以为他们是在追逐什么珍贵的野兽，就停止追鹿，跑去那些人呼叫的地方埋伏着，想要捕捉从西边跑来的野猪，不久，果然让他抓到一只全身白毛的猪。

司原先生非常欢喜，以为得到了白色的珍贵野兽，于是将白猪带回家，用最好的草料、谷物喂养，耗尽家里的粮库去

1　王符：（公元约851—162年），字节信，东汉哲学家。一生隐居著书，著有《潜夫论》，内容多指责时政，谴责贪暴的统治，反对迷信，笔锋犀利。

饲养它。平常那头白猪经常昂首低头，一副亲昵谄媚的样子对主人撒娇，这让司原先生更珍惜它了。

过了一段日子，有一天，外头刮起大风，下了豪雨，大量的雨水冲到那头白猪身上，白色的毛遇到雨水就被洗去白色了，泥水横流，露出原本灰色的皮毛。猪很害怕，不禁叫出声音来，司原先生才知道家里养的只是一般的老公猪，白毛不过是毛上沾了白色的泥而已。

诗佳老师说

司原先生本来是要猎鹿，听见别人的叫声，就以为对方追逐的猎物更珍贵，便跟着埋伏起来得到了一只猪。谁知这只猪正好浑身滚了白泥自投罗网，就被他误认为是稀有的白猪，带回去竭尽全力地饲养，他不知别人的喊叫，其实是附和自己而来。这是"妄加推断"所造成的错误啊！事情没有经过调查、了解以前，就跟在别人后面盲目附和、瞎起哄，所以容易上当受骗，以假为真，闹出如"随声逐响"故事中这样的笑话。

从另一个角度去想，"耳听是虚，眼见为实"这句话，本来是说明"传闻远不如亲眼看见可靠"，叫人不要轻信传闻，看到的才是事实；但是事物的现象有真假之分，眼见也不一定为实，唯有深入问题去调查研究，才不致于被传闻或自己的眼睛给误导。

珍贵的白猪要吃上好的饲料才行!

跟随众声喧哗的真相就是盲目，连普通的猪都分不出来。

经典知识

相关成语：

"随声逐响" "随声附和" "吠影吠声"

出处

《潜夫论·贤难》："鹿斯[1]东奔，司原纵噪[2]之。西方之众有逐豨[3]者，闻司原之噪也，竞举音而和之。司原闻音之众，则反辍己之逐而往伏[4]焉。遇夫浴垩[5]之豨，司原喜，而自以获白瑞珍禽[6]也。尽刍豢[7]、单囷仓[8]以养之。豨俯仰嚘咿[9]，为作容声[10]，司原愈益珍之。居无何[11]，烈风兴而泽雨作，灌巨豨而垩涂渝[12]，豨骇惧，真声出，乃知是家之艾豭[13]尔。"比喻世人不明真伪，盲目地附和。

1　斯：语助词，于是。

2　纵噪：放声喧叫。

3　豨：xī，猪。

4　辍：chuò，中断。伏：埋伏。

5　垩：è，白土。

6　白瑞珍禽：白色吉祥的珍贵野兽。

7　刍豢：刍，chú，给动物吃草。豢，huàn，吃谷物。

8　单：dān，殚，用尽。囷仓：囷，qūn，粮库。

9　俯仰嚘咿：亲昵谄媚的样子。嚘咿，yōu yī，状声词。

10　容声：逢迎讨好的声音。

11　居无何：过不久。

12　垩涂渝：白灰被雨水冲刷而流失。

13　艾豭：老猪。豭，jiā，公猪。

㉛ 杯弓蛇影

东汉·应劭[1]《风俗通·怪神》

【经典故事】

　　应郴[2]当县长时和主簿[3]杜宣经常来往。某个夏天，杜宣去应郴家做客，之后却很久都不再来了，不久便传出生病的消息，让应郴感到十分疑惑。这天应郴有事经过杜家，便前去探望杜宣，却见他奄奄一息地躺在床上，忍不住问杜宣："老友为何卧病在床？"

　　杜宣脸色发青，迟疑了好一会才道："前些日子去你家，承蒙你请我喝酒。我正要端起酒杯，却看见杯子里有一条蛇在扭动。我吓死了！又不好意思不喝，只好将蛇喝进肚

1　应劭：字仲远。东汉献帝时担任泰山太守，参与镇压黄巾起义，后投奔袁绍，任军谋校尉。著有《风俗通》，又称《风俗通义》，内容对当时的社会风俗和迷信多有批判。

2　郴：chēn。

3　主簿：在县里负责文书等事务的官职。

子里去。"

应郴想了很久，忽然想起厅堂的墙上挂着红色的弓，心想："杯中的蛇，该不会就是角弓的影子吧？"他连忙回家查看，那张青漆红纹的弓确实像极了一条蛇。应郴恍然大悟，立刻派部下将杜宣用轿子载到家里，在原来的地方，再次为他斟满一杯酒，然后问杜宣："你在杯中是否又看见了什么？"

杜宣低头一看，立刻惊叫出来："是那条蛇呀！"

应郴忍着笑，指指墙上的弓说："你抬头看看那是什么？"

杜宣看看弓，再看看杯中的蛇影，顿时豁然开朗，严重的心病立刻不药而愈了。

诗佳老师说

"心病还需心药医"，每个人都有疑神疑鬼的时候，由这种怀疑和恐惧引起的疾病，只有将真相揭穿，深入思考问题，才能解除恐惧紧张的心理状态，使疾病消除，恢复健康。

故事讽刺了被杯中蛇影吓出病来的杜宣，他代表了一般人的心理经验：捕风捉影，为事实上不存在的可怕事物所困扰，甚至影响到身体健康。当应郴经过调查了解后，得知杜宣得是心病，就带着杜宣重新经历同样的情境，并实时点破真相，对症下药，使病人"豁然意解，沉疴顿愈"，应郴的睿智令人佩服！

应郴追根究底，注重调查研究，具有科学的精神，终于揭开了"杯弓蛇影"的谜题，和现代的心理治疗有异曲同工之效。在生活中，我们无论遇到什么问题，也要通过调查研究弄清真相，以获得解决的方法。

县长请喝蛇酒，太可怕了！

"蛇酒"并不可怕，可怕的是人心，疑心容易生暗鬼。

经典知识

相关成语：

"杯弓蛇影""草木皆兵""风声鹤唳""疑神疑鬼"

出处

《风俗通·怪神》："时北壁上有悬赤弩[1]，照于杯，形如蛇。宣畏恶之，然不敢不饮。其日便得胸腹痛切，妨损饮食，大用羸露[2]，攻治万端，不为愈。后郴因事过至宣家，窥视问其变故。曰："畏此蛇，蛇入腹中。"郴还听事[3]，思维良久，顾视悬弩，必是也。则使门下史将铃下，徐扶辇[4]载宣于故处，设酒。杯中故复有蛇，因谓宣："此壁上弩影耳，非有他怪。"比喻为了不存在的事情引起惊惶。

---

1 赤弩：红色的弓。弩，nǔ。
2 大用羸露：大为衰弱。
3 听事：办公的厅堂。
4 徐扶辇：慢慢地扶着手推的车子。辇：niǎn，人力推车。

32 一叶障¹目

三国魏·邯郸淳²《笑林》

【经典故事】

闲来无事，贫穷的楚人拿着《淮南子》³读了起来，看到里头记载："如果有人得到螳螂捕蝉时遮蔽自己的树叶，就可以用来隐身。"他灵机一动，便跑到树底下伸长了脖子张望，想找到那种树叶。

不久果然让他发现了，打算伸手摘下来。没想到一不小心，那树叶竟然轻飘飘地掉落在地上。树底下原本就有许多落

1　障：zhàng，遮蔽。

2　邯郸淳：（公元132—？年），博学多才，与曹植为好友。所作《孝女曹娥碑》，被蔡邕称赞"绝妙好词"。著有《笑林》，古代笑话集，有些笑话可视为机智的寓言。

3　淮南子：托名西汉淮南王刘安所著的书籍。这本书思想内容接近道家，夹杂先秦各家的学说，同时收录许多中国古代著名的神话，如"女娲补天"、"嫦娥奔月"等。是研究中国古代哲学、政治、军事、思想的重要典籍，也是探寻古代天文、地理乃至文学、神话、民俗的宝藏。

叶，这下全混在一起，再也无法认出来了，楚人只好将所有的落叶全部带走。

回家后，为了找出能隐身的树叶，楚人先拿起一片遮住自己，问妻子："看得见我吗？"一开始妻子很配合丈夫，点点头说："看得见。"几天过去了，楚人不断实验，妻子终于被折腾得疲惫不堪，厌烦地说："看不见了！"楚人暗自窃喜，急忙将那片叶子揣在怀里，跑到市场去了。到了闹市，他举着树叶，旁若无人，伸手就拿摊贩的东西往怀里放。摊贩气得不得了，通知官府，楚人就被差吏当场抓住，押送县衙。

楚人很惊讶，不懂自己为何被抓？县官审问，只好说出事情的始末。县官忍不住笑骂："真是个书呆子！"狠狠训斥他一番后就释放了。

诗佳老师说

《淮南子》记载："得螳螂伺蝉自障叶，可以隐形。"螳螂捕蝉用叶子掩蔽身体，是狩猎的需要，原本很平常。但迷信术的楚人竟然信以为真，去树下找叶子，还动了歪脑筋，想靠叶子隐形偷盗，因而做出自欺欺人的蠢事。

故事讽刺楚人居贫而不能守志，心生邪念。但作者更想讽刺楚人的迷信思想，他对书里的迷信记载信以为真，由无知产生了愚蠢的行为，竟然不懂拿叶子遮眼睛是自己看不见人，而不是人看不见自己。透过楚人的动机、捡树叶、做实验、取物等行为，生动形象地塑造了一个丑角，他的言行让人发笑，更引发读者思索。

　　像楚人这类人，在现实生活中我们不也常见到吗？他们无视现实，在观察和处理问题时，总是凭着主观想象，结果把事情弄得很糟。故事揭示的就是这种人性的弱点。

愚蠢最大的悲哀就是不知道自己的行为是愚蠢。

经典知识

相关成语：

"一叶障目"

出处

《笑林》："楚人贫居，读《淮南子》："得螳螂伺蝉自障[1]叶，可以隐形。"遂于树下仰取叶——螳螂执叶伺蝉——以摘之。叶落树下，树下先有落叶，不能复分别。扫取数斗归，一以叶自障，问其妻曰："汝见我不[2]？"妻始时恒答言："见。"经日乃厌倦不堪，绐[3]云："不见。"嘿然[4]大喜，赍[5]叶入市，对面取人物，吏遂缚诣[6]县。"故事用来比喻人有时被片面的现象所迷惑，无法认清全面的问题。

1 伺：伺机。障：遮蔽。
2 不：否，句末疑问词。
3 绐：dài，撒谎。
4 嘿然：默默无言的样子。嘿，默。
5 赍：jī，拿着。
6 诣：yì，到，往。

33 桑中生李

东晋·葛洪[1]《抱朴子·道意》

【经典故事】

张助在荒田里种庄稼，挥汗如雨，正放下锄头，却发现一株李子的树苗长在耕作的田地里。张助很爱惜这树苗，想带回家，就决定将它挖出来。待挖出来后，他正好有事要离开，就先用湿土将树苗的根包起来，放在桑田中间的空地上，后来就忘记取出来了。张助后来去远方任职，不在本地。

某天，有村里的人看见桑田中间忽然生出李树，感到惊异，以为那是树神。正好有个得眼病的人经过桑田，就在李树的树荫下乘凉。他望着李树祷告："李树啊！如果你能让我的眼睛痊愈，我就献上一头猪感谢您。"谁知眼痛这种小病不久就好了，他果然实践诺言，杀了一头猪带到树下祭

---

1 葛洪：（公元284—364年），字稚川，自号"抱朴子"。东晋时期的道教理论家、医学家和炼丹术家。著有《抱朴子》，内容多与神仙、人间得失、评论世事有关，对化学和制药学的发展也有所贡献。

拜，以答谢李树。

很多人便你一言、我一语地传述开来。后来有人再加油添醋说："李树使瞎子重见光明。"不论是住在远处的、还是住在附近的人们，都来祭拜请求，树旁停的车辆将道路塞得满满的，祭拜的酒肉很快就堆成了小山。这样过了好几年。

张助卸除了职务回到故乡，听说了李树的传闻，再看见村民祭拜的情形，不禁好气又好笑的说："这李树只是我当年随便种的，哪有什么神灵呢？"于是派人砍掉李树，这种迷信的情况才停止。

诗佳老师说

所谓"神树"，只不过是被人捧出来的，或是被人们想象出来的。

民间有许多迷信的现象，很多是出于偶然，因为人们不了解事情的真相，或幻想得到某种帮助所导致。就如故事中得了眼病的人，如果他不拜树神，眼病终归会好，但是他将偶然病好的原因归于李树，就促成了"神树"的存在，这哪里是被李树保佑的呢？张助果断地破除了迷信，还以真相。故事透过对张助这个人物的描写，衬托出那些迷信的人有多么愚昧无知。

故事讽刺了那些不进行思考就盲目相信传言的人，谴责这种以讹传讹的社会现象。提醒我们：在遇到从来没遇过的现象时，要先从客观的角度看待事情，以冷静的头脑仔细分析，不要盲目地随波逐流。

信仰是理解生命的智慧，迷信却是盲目的崇拜。

经典知识

相关成语：

"以讹传讹" "人云亦云"

《抱朴子·道意》："南顿人张助者，耕白田[1]，有一李栽[2]，应在耕次[3]，助惜之，欲持归，乃掘取之，未得即去，以湿土封其根，以置空桑中，遂忘取之。助后做远职[4]不在。后其里中人[5]，见桑中忽生李，谓之神。有病目痛者，荫息[6]此桑下，因视之，言"李君[7]能令我目愈者，谢以一豚[8]。"其目偶愈，便杀豚祭之。传者过差[9]，便言此树能令盲者得见。远近翕然[10]，同来请福，常车马填溢[11]，酒肉滂沱[12]，如此数年。张助罢职来还，见之，乃曰："此是我昔所置李栽耳，何有神乎？"后用相关成语比喻将不正确的讯息继续传播下去。

1　白田：荒地。
2　栽：栽种的树。
3　应在耕次：应在耕作的范围内。
4　做远职：担任远方的职务。
5　里中人：同里的人。
6　荫息：在树荫底下乘凉休息。
7　李君：李树。
8　豚：tún，猪。
9　传者过差：传话的人说得过分了。
10　翕然：形容言语行为一致。翕，xī。
11　填溢：塞得满满的。
12　滂沱：páng tuó，很大、很多。

34 海龟与群蚁

南北朝前秦·苻朗[1]《苻子》

【经典故事】

东海来的大海龟，头上顶着蓬莱仙山，模样像戴了一顶帽子，自在的在大海里漂浮游动。它腾越而上，可以碰到天上的云彩；浮游下潜时，能到达最深的水底。有只红蚂蚁听说有这样的神龟，很高兴，就邀了许多蚂蚁同伴到岸边，想要观看大海龟。结果一个多月过去了，大海龟却潜伏在水底没有出来。

蚂蚁们空欢喜一场，于是准备回家。这时海面上狂风大作，浪头忽然卷起足足有五尺那么高。海水仿佛沸腾了似的，怒涛拍打在岸边，岩石发出来的声响，就像打雷一样震动大地。惊慌窜逃的蚂蚁议论纷纷："大海龟马上要浮出海面

---

1 苻朗：（公元？—389年）字符达，是前秦皇帝苻坚的堂兄之子，被苻坚称为"吾家千里驹也"。擅长文学。著有《苻子》，收录了许多故事传说。

了！""那我们再等等看吧！"

几天后，狂风停止了，雷声也寂静了，大地变得沉默无声，只见幽深的海里隐隐约约有座跟天一样高的山，慢慢向西方游去了。

蚂蚁们觉得无趣，便说："它头顶着山，跟我们头顶饭粒有什么不同？我们每天逍遥地爬到蚁窝外小土堆的顶端，回家就趴在蚁窝里，在自然中自得其乐。为什么还要辛辛苦苦跑到百里之外，去观看那只大海龟呢？"

诗佳老师说

《海龟与群蚁》这则寓言，透过一群蚂蚁的议论和看待大海龟的经过，告诉我们：骄傲的人犹如蚂蚁，总是喜欢透过贬低别人来抬高自己，他们的眼界狭窄而不自知，他们的言行只是突显自己的保守与落后。

故事也对安于现状、不思进取的人做出了辛辣的讽刺。海龟与蚂蚁是鲜明的对比：海龟头顶仙山，在无边无际的大海自在遨游，它能轻松驾驭惊涛骇浪，也能掌握仙山琼楼，形象是开阔、壮硕的。相比之下，蚂蚁生存在蚁窝和土堆之间，头顶着饭粒，只要顾到吃饭和玩乐就好。面对神秘的海龟，蚂蚁不是自我激励，反而很快便失去了兴趣，打算回头继续封闭在小小的世界里。其实不是海龟无趣，而是蚂蚁的眼界不能懂得海龟的雄奇与伟大。

海太大，游起来一定很累！

眼界狭窄的蚂蚁们，只能靠着贬低大海龟来安慰自己。

经典知识

相关成语：

"妄自尊大" "自鸣得意"

出处

《符子》："东海有鳌[1]焉，冠蓬莱而浮游[2]于沧海，腾跃而上则干云[3]，没而下潜于重泉[4]。有红蚁者，闻而悦之，与群蚁相要[5]乎海畔，欲观鳌焉。月余日，鳌潜未出。群蚁将反，遇长风激浪，崇涛万仞[6]，海水沸，地雷震。群蚁曰："此将鳌之作也。"数日，风止雷默，海中隐如岳[7]，其高概天[8]，或游而西。群蚁曰："彼之冠山[9]，何异我之戴粒[10]？逍遥封壤[11]之巅，归伏乎窟穴也。此乃物我之适[12]，自已而然[13]，我何用数百里劳形[14]而观之乎？"比喻人骄傲自大，自命不凡。

---

1 鳌：áo，传说海中的大龟。

2 冠：guàn，动词，戴帽子。蓬莱：传说海上的仙山。浮游：漂漂游动。

3 干云：冲犯到云彩。

4 重泉：深水的区域。

5 要：yāo，邀约。

6 崇涛：高大的波涛。万仞：形容山势很高。

7 岳：高大的山。

8 概天：齐天。

9 冠山：头顶着山，像戴帽子。

10 戴粒：头顶小米粒。

11 封壤：蚂蚁窝。

12 物我之适：万物在自然中适得其所。

13 自已而然：自然就是这样子。

14 劳形：劳累身体。

㉟后羿射不中

南北朝前秦·符朗《符子》

【经典故事】

后羿持弓的手与拉弦的手高高举起，他将右手肘与箭管成一直线，对准靶心，靶子是用仅仅一尺见方的兽皮制成的，极容易失了准头。这时，时间与空间宛若静止似的，待弦线和靶心重叠于同一点，后羿便将弓拉满，屏气凝神，准备射出。

在将射未射之际，一旁安坐的夏王忽然说话了："你射中的话，就赏你一万两黄金。射不中的话，就剥夺你拥有的封地！"

后羿听了，顿时紧张起来，原以为这只是单纯的射箭表演，谁料竟然牵扯到自己的全副身家。伴君如伴虎，君王的喜怒果然不可预测。他脸色一阵红、一阵白，呼吸急促，结实的胸膛起伏着，怎么也平静不下来。

于是，后羿射出了第一箭，并没有中。

这下后羿慌了手脚，很快地拉开了弓，射出第二箭，又没有中。

后羿冷汗涔涔而下，只得放下弓箭垂首站立一旁等候发落。

夏王皱眉，转头问大臣弥仁："这后羿平时射箭百发百中，为什么今天连射两箭都脱靶了呢？"

弥仁行礼说道："今日后羿是被患得患失的情绪害了。大王定下的赏罚条件成了他心中的包袱，所以他的表现失常。如果人们能够排除患得患失的情绪，把厚赏重罚置之度外，再加上刻苦的训练，那么，天下的人都不会比后羿差的。"

诗佳老师说

后羿是古代传说中射箭技术高超的人，但是当夏王提出许诺他万金或剥夺其封地两个天差地别的条件后，再让他射箭，他就射不中了，因为他有了患得患失的心，射中固然可以得到万金，但更令人惊惧的是射不中便会赔上所有身家，得失就看这场射箭表演，不禁令后羿乱了方寸，而发挥不出平时的水平，射了一箭，不中，使恐慌加剧，第二箭更不可能射中。这告诉我们唯有修练内在、锻炼良好的心理素质，抛去外在加诸于自身的包袱，人才能够放手去做，发挥最大的潜力。

那么，该如何提高心理素质呢？要先从抗压力和情绪管理能力做起，做任何事之前先定好目标，但不必期望过高，即使受到委屈、感到痛苦，也要尽量坚持下去。同时学会管理负面情绪、控制情绪，进一步能调整情绪。多站在不同的角度思考问题，可以让我们心灵更加成熟，更加豁达，宠辱不惊。

射中有赏，不中就抄家。

除了高超的射箭技术，心理素质更是决定射箭成败的关键。

◇经◇典◇知◇识◇

相关成语：

"患得患失" "宠辱不惊"

出处

《符子》："夏王使羿[1]射于方尺之皮[2]，径寸之的[3]。乃命羿曰："子射之，中[4]，则赏子以万金之赍；不中，则削子以千里之邑[5]。"羿容无定色[6]，气战于胸中，乃援[7]弓而射之，不中，更射之，又不中。夏王谓傅[8]弥仁曰："斯羿也，发无不中！而与之赏罚，则不中的者，何也？"傅弥仁曰："若羿也，喜惧为之灾，万

---

1 羿：yì，后羿，传说是夏王太康时东夷族的首领，著名的射箭手。

2 方寸之皮：用一尺见方的兽皮所做的箭靶。

3 径寸之的：直径为一寸的靶心。

4 中：zhòng，动词，射中。

5 邑：yì，古代人们聚居的地方，大的是都，小的是邑。此指夏王分封给后羿的土地。

6 容无定色：脸色惊惧，变化不定。

7 援：拉，引。

8 傅：古代官职。

金为之患矣。人能遗[1]其喜惧，去其万金，则天下之人皆不愧于羿[2]矣！"形容人担心得不到，得到又担心失去，对个人得失看得很重。

---

1 遗：抛弃，去除。
2 不愧于羿：不会比后羿的本领差。愧，惭愧。

36 公输刻凤

北齐·刘昼[1]《刘子·知人》

【经典故事】

公输般[2]是鲁国有名的工匠，此刻正专注的在木头上雕刻凤凰。在他工作时各种吵杂的声音充塞了四周，却并不能干扰他的心神。

只见他手中凤凰的凤冠和脚爪还没雕成，翠绿色的羽毛也还没刻好。有人看见凤凰的身体，就说它长得像鹲[3]；看见头，就说它是鹈鹕[4]。所有人都嘲笑凤凰的模样丑陋，更讥笑公输般的手艺太笨拙。

---

1 刘昼：（公元514—565年），字孔昭。文学家。著有《刘子》，又称《刘子新论》，其中有些传说故事带有寓言的性质。

2 公输般：就是公输，又称鲁班，春秋时鲁国人，是有名的工匠，被土木工匠奉为祖师。

3 鹲：méng，古代一种属鸠类的鸟，白色，外型像鹰。

4 鹈鹕：tí hú，体型比鹅大，羽毛灰白带红，颌下有喉囊，可以储存食物，动作敏捷，是捕鱼高手。

噪音继续作响，然而公输般没说什么，继续努力雕刻他的凤凰。

终于有一天，凤凰刻好了。

只见它头上翠绿的凤冠像云彩一样高高耸立，红色脚爪像闪电似的闪动，鲜艳美丽的彩色花纹有如散着霞光，绮丽的翅膀展开来宛如火花那样灿烂。它"翙[1]"的一声，从主人手上腾飞而出，在雕有云彩的楼房正梁上翻滚飞翔，整整三天，都不与群鸟一同降落栖息。

从此之后，人们又开始称赞凤凰的神奇和公输般的手艺了。

诗佳老师说

那些批评公输般的人，只会在他刻凤过程的某个阶段，从自己的某个角度观察和评论。他们只看到雕刻的过程，却没看到结果；只见到局部，而没见到全体，就做出片面的结论，这对当事人来说是不公平的，因为事情的完成或是人才的成长，需要一个逐步渐进的过程。

如果我们遇到和公输般类似的处境：苦读多年，但

---

1 翙：huì，鸟飞声。

考试还没看见成果；企划多时，绩效还没显现出来；喜欢一个人很久了，但他（她）还不明白自己的心……这时无需急着解释什么，对于别人不合事实的批评，最好的回答就是像公输般那样，拿出实际的行动与成果，证明自己如同光辉灿烂的凤凰。

只看局部就下结论的人容易犯下把凤凰当公鸡的谬误。

经典知识

相关成语：

"公输刻凤""不识泰山"

《刘子·知人》："公输之刻凤也，冠距[1]未成，翠羽未树[2]，人见其身者，谓之"鹥鹀"；见其首者，名曰"鸮鹎[3]"。皆訾[4]其丑而笑其拙。及凤之成，翠冠云耸，朱距电摇[5]，锦身霞散，绮翮焱发[6]。翙然一翥[7]，翻翔云栋，三日而不集[8]。然后赞其奇而称其巧。"这则寓言讽喻了那些见识浅薄的人，认不出地位高、本领大的人或了不起的事物。

1　冠距：凤凰的凤冠和脚爪。
2　翠羽未树：翠绿色的羽毛还没刻好。
3　鸮鹎：wū zé，鹈鹕。
4　訾：毁谤。
5　朱距电摇：红色的脚爪像电一样闪动。
6　绮翮焱发：绮丽的翅膀展开来像火花一样。翮，hé。焱，yàn。
7　翥：zhù，奋飞。
8　不集：不和其他鸟一起聚集。

37 车翻豆覆

隋·侯白[1]《启颜录》

【经典故事】

有个傻子用车载了满满的黑豆，打算进城做点买卖。没想到走到灞头，车子竟然意外地翻倒了，所有的黑豆全部都掉落在池塘中。

傻子吓坏了，很心疼那些散落的黑豆，急得团团转，但是豆子实在太多，怎么样都无法全部救回。于是傻子决定把车子丢在路边，自己先跑回家去，然后叫家人和他一起回来下水找黑豆。

傻子走了以后，看见翻车的其他路人想捡现成便宜，便纷纷跳下水去，捞走了水里的黑豆，几乎没有一颗剩下来。等傻子带着家人回来，低头往水里张望时，只见到水中有许多游

1　侯白：字君素，隋初文学家。曾担任儒林郎，参与编修国史。为人诙谐，著有《启颜录》，是在邯郸淳《笑林》之后较早的笑话集，其中有许多笑话本身就是寓言。

来游去的蝌蚪。他看见黑黑的蝌蚪，以为就是黑豆，立刻跳下水去打捞；蝌蚪看到有人下水，就吓得立刻四处逃散。

他觉得奇怪，想了好久好久才说："黑豆啊黑豆，我觉得可怕的不是你不认识我、背弃我逃走，而是你伪装得叫人认不出来，怎么忽然长起尾巴来了？"

诗佳老师说

现实生活中确实有不少人，轻易地否定和指责他们不认识或不熟悉的事物，就像故事里的傻子，看到从没见过的蝌蚪，却不愿意调查研究，而自作聪明地将蝌蚪当作是黑豆伪装成的。

这种人总是不想面对现实。原因有二，一是他没有能力判断是非，真的认为蝌蚪就是黑豆，如果是这样，那就是受到先天才智的限制，是不能也，非不为也。二是觉得那些"黑豆"怪怪的，会游会动，样子明明就不是黑豆，但说不出来到底是什么，只好找了借口自圆其说，这就是自作聪明的作法了。

作者告诉我们，对自己不熟悉的事物，应该多了解以后再给予评论，看见新事物或面对新的情况时，不要带着成见，否则可能闹出愚不可及的笑话。

你们以为装了尾巴，我就认不出来了吗?

"傻子"的坚持其实只是不愿探究真相的"固执"。

经典知识

相关成语：

"愚不可及" "愚昧无知"

出处

《启颜录》："隋时有一痴人，车载乌豆入京粜[1]

---

1 粜：tiào，卖出粮食。

之，至灞头，车翻，覆豆于水，便弃而归，欲唤家人入水取。去后，灞店上人竞取将去，无复遗余[1]。比回[2]，唯有科斗虫[3]数千，相随游泳。其人谓仍是本豆，欲入水取之。科斗知人欲至，一时惊散。怪叹良久，曰："乌豆，从你不识我，而背[4]我走去；可畏我不识你，而一时着尾子[5]？"形容人愚笨到了极点。

1　无覆遗余：不再有遗漏剩下的。

2　比回：等到返回。

3　科斗虫：蝌蚪。

4　背：bèi，背弃。

5　着尾子：长尾巴。

38 罴说

唐·柳宗元[1]《柳河东集》

【经典故事】

鹿最害怕貙[2]，貙最怕虎，虎又特别害怕罴[3]。罴这种野兽的长相很吓人，身上披着长长的毛发，能够像人一样站立。它的力气非常强大，会严重地伤到人类。

传说楚国的南方有个猎人，能吹奏竹笛模仿出各种野兽的声音。有一天，他悄悄地拿着弓箭、一种装火药的罐子和火种，来到山上埋伏。他先模仿鹿的叫声，引诱其他的鹿出来。他守候着，等到鹿一出现，就用火种点燃箭矢，向鹿的身上射去。鹿果然中箭了，应声倒地，忍不住便仰头哀号起来。

---

1 柳宗元：（公元773—819年），字子厚。唐代著名文学家、哲学家，与韩愈共同提倡古文运动。是中国文学史上最早有意识创作寓言的作家，用来揭露和讽刺社会现实。著有《柳河东集》。

2 貙：chū，形状像狸的野兽，体型大。

3 罴：pī，能直立吃人的一种大熊。

貙听到了鹿的叫声，便迅速地跑过来了，打算吃掉鹿。猎人见到貙出现了很害怕，于是就模仿老虎的吼声吓唬它。

貙听到老虎的声音，连忙夹着尾巴逃跑了。没想到，真正的老虎听到同类的声音竟然赶过来了，它一吼叫，就震得四周树叶掉落下来。猎人更加惊恐，就用竹笛吹出罴的叫声，老虎便吓得逃走了。

罴听到竹笛的声音，也出来寻找同类，但是找到的却是猎人。于是罴就揪住了猎人扑搏撕咬，很快就将猎人撕得四分五裂，最后把他吃掉了。

诗佳老师说

猎人的本事是打猎，主动出击捕得猎物。但故事中的猎人却只会模仿各种野兽的声音，蒙骗那些猎物如鹿、貙、虎过来，可是一旦遇到真正的强敌"罴"，便知道靠骗术是没用的，猎人终究被"捽捕挽裂而食之"。

柳宗元叙述鹿、虎、罴、人的食物链故事，层层递进，最后罴吃人制造出强烈的戏剧性。告诉人们：那些没有真正本事，专门靠着蒙骗技巧图利的人，最终将会成为黑的食物。这是对虚有其表而没有实际本领的人，最佳的讽刺。

联系创作的历史背景来看，安史之乱以后，藩镇势力膨胀，朝廷不思加强掌控军权，反而为了牵制藩镇，刻意扶植一些节度使，企图以藩制藩，结果甲藩未平，乙藩又起，演变成更严重的威胁。柳宗元不赞成"以藩制藩"的政策，所以创作了这则故事讥讽唐代的统治者，没有真实的本领，国家必将招致像猎人一样的命运。

只靠蒙骗手段对付敌人，遇到真正的强敌是不堪一击的。

经典知识

相关成语：

"虚有其表""外强中干""名不符实"

出处

《柳河东集》："鹿畏䝙，䝙畏虎，虎畏罴。罴之状，被发人立，绝有力而甚害人焉。楚之南有猎者，能吹竹为百兽之音。寂寂持弓、矢、罂[1]、火，而即之[2]山。为鹿鸣以感其类[3]，伺其至，发火而射之。䝙闻其鹿也，趋[4]而至。其人恐，因为虎而骇之；䝙走而虎至。愈恐，则又为罴，虎亦亡去。罴闻而求其类，至，则人也。捽捕挽裂[5]而食之。"形容人空有外表，却无实际的内涵。

———————

1 罂：yīng，小口腹大的瓶罐。

2 即之：就到。

3 感其类：感召同类。

4 趋：快跑。

5 捽捕挽裂：将猎物揪住扑搏撕咬，四分五裂。捽，zuó。

39 临江之麋[1]

唐·柳宗元《柳河东集·三戒》

【经典故事】

　　临江有个猎人打猎时捕到一头小鹿，非常喜欢，就将它带回家蓄养。

　　他刚把小鹿带进家里，家里的狗就流着口水、摇着尾巴跑过来，想吃掉那头鹿。猎人看到狗儿嘴馋的样子，很生气，就斥喝狗，警告它们不准再打鹿的主意。从那天开始，猎人天天抱着小鹿，让它接近狗，也让狗习惯有鹿的存在，但命令狗儿不许轻举妄动。就这样，逐渐地让狗和小鹿一起玩耍游戏。

　　日子久了，狗儿倒也都能遵照主人的意思和小鹿和睦相处。小鹿渐渐长大，忘了自己是一头鹿，以为狗真的是朋友，就和它们互相用头顶撞嬉戏、上下翻滚地打闹戏耍，越来

1　麋：mí，即麋鹿。

越亲昵。狗怕主人，不敢违抗主人的命令，便也与小鹿玩得很开心，可是却时常不由自主舔着舌头，流露出嘴馋的样子。

三年后，有一天鹿跑到门外去，看见路上有许多狗，以为狗都是友善的，就过去和它们嬉戏。外面的狗群看到小鹿，不禁又惊喜、又兴奋，就一起将鹿咬死并且吃掉了，被狗吃剩的皮毛骨头散乱丢弃在路上。

然而鹿到死都还不明白这是怎么回事？

诗佳老师说

故事描述一只备受主人保护的小鹿，失去警惕之心，甚至认敌为友，忘记自己和敌人（狗）之间的关系，失去主人庇护后便遭遇不测。这则寓言提醒我们：依靠别人的庇护来安然度日，一旦丧失庇护，只会招致更可怕的伤害。讽刺那些恃宠而骄，缺乏自知之明的人，结局往往是悲剧收场。

这则寓言是柳宗元写的《三戒》——麋、驴、鼠中的第一篇，柳宗元被贬官到永州居住时所写。借这三种动物的故事，讽刺社会上的三种人。"临江之麋"主要讽刺的是"依势以干非其类"，就是倚仗他人势力去讨好别人的那种人，故事描写麋的可怜与可悲。写法上，描写细腻逼真，前面先描述小鹿与狗的友善互动，之后冷不防一笔写狗群舔唇贪馋的模样，作为结局的伏笔，令人不寒而栗，是极高明的艺术手法。

受主人保护的鹿忘记自己的身份难免遭遇杀身之祸。

经典知识

相关成语：

"至死不悟"

《柳河东集·三戒》："临江之人，畋得麋麑[1]，畜[2]之。入门，群犬垂涎，扬尾皆来。其人怒，怛[3]之。自是日抱就[4]犬，习示之[5]，使勿动，稍使与之戏。积久，犬皆如人意。麋麑稍大，忘己之麋也，以为犬良我友，抵触偃仆[6]，益狎[7]。犬畏主人，与之俯仰甚善[8]，然时啖[9]其舌。三年，麋出门，见外犬在道甚众，走欲与为戏。外犬见而喜且怒，共杀食之，狼藉[10]道上。麋至死不悟。"比喻到死仍不觉悟。

1　麋麑：幼鹿。麑，ní 。
2　畜：喂养。
3　怛：dá，恐吓。
4　就：靠近。
5　习示之：经常让它看。
6　抵触偃仆：抵触，用头顶撞。偃仆，仰卧仆倒。
7　益狎：更加亲昵。狎，xiá 。
8　俯仰甚善：一起玩得很好。
9　啖：舔，嘴馋。
10　狼藉：散乱。

❹⓿雁奴

北宋·宋祁[1]《宋景文集》

【经典故事】

雁群中最小的雁奴[2]，天性机警。每晚当雁群熟睡了，雁奴就彻夜不眠地在周围守候。只要有一点人的声响，它必定伸直了脖子大声鸣叫，雁群就会互相叫唤警告大家逃走。

后来乡里的人企图设下巧妙的计谋，切中雁奴的要害，使它掉入陷阱。人们先找到雁群常栖息的湖边和沼泽，暗中布下大网，并在附近挖好洞穴。白天雁群不在，人们就将麻绳藏在洞穴里，等到天快亮了，就在洞外把绳子点燃。雁奴看到火光必定最先警觉，高声呼叫，人们立刻灭火。等雁群惊醒以后，看不到什么火光，就又睡觉去了。

1　宋祁：（公元998—1061年），字子京，北宋文学家、史学家，与欧阳修等合修《新唐书》。著有《宋景文集》。
2　雁奴：群雁夜宿，为防袭击，有一只在周围负责警戒，一发现情况就鸣叫报警的雁，称为雁奴。

就这样点了三次火，又熄灭了三次；雁奴鸣叫了三次，雁群也惊醒三次。每次雁群惊醒了，却什么事都没发生，雁群就开始责怪雁奴乱报警，吵到它们的睡眠。大家气极了，轮番用嘴去啄它、攻击它，然后再去睡觉。这一切都看在人们的眼里。

过一会儿，人们又点着了火，雁奴却因为害怕被群雁攻击，而不敢再叫。等雁群睡成一片，四周围静悄悄的时候，人们就将大网撒下去，大概每十只中就能捉到五只，所获颇丰。

诗佳老师说

经验能为我们带来效率，但过度依赖过去的经验，相信火"三燎三灭"不表示有人来偷袭，结果就是被敌人一网打尽。反间计，便是挑拨敌人互相猜疑，让他们互相争斗，自己坐收渔翁之利。

三次火光的"不正常现象"其实很不寻常，雁群却只看见火光之后没有其他动静，就以为安全无虞。事实上，在野外栖息原本就危机四伏，雁群在危险的环境中应该保持警觉心，对现象进一步调查，想想背后是否可能预示了危机。

可惜雁群只相信眼前"安全"的假象，甚至怪罪雁奴鸣叫警示搅扰安眠，令积极负责的雁奴蒙受冤屈。缺乏谨慎的调查，便破坏了群体的团结和信任，俗话说："堡垒最容易从内部攻破"。事出必有因，我们对别人善意的提醒，应该重视并且反思，明辨是非，谨慎行事，不然将可能使群体遭受惨痛的伤害。

雁是群居的动物，只有从内部破坏团结，才能一网打尽。

经典知识

相关成语：

"挑拨离间" "搬弄是非"

《宋景文集》："后乡人益巧设诡计，以中雁奴之欲[1]。于是先视陂薮[2]雁所常处者，阴布[3]大网，多穿土穴于其傍。日未入，人各持束缊[4]并匿穴中，须其夜艾[5]，则燎火穴外，雁奴先警，急灭其火。群雁惊视无见，复就栖焉。于是三燎三灭，雁奴三叫，众雁三惊；已而无所见，则众雁谓奴之无验[6]也，互唼迭击之[7]，又就栖然。少选[8]，火复举，雁奴畏众击，不敢鸣。乡人闻其无声，乃举网张之，率十获五[9]。"比喻搬弄是非，分化彼此感情，使人互相猜忌。

1　中：切中。欲，需要。
2　陂：bēi，湖边。薮：sǒu，湖泽。
3　阴布：暗中布下。
4　束缊：捆缚用的麻绳。缊，yùn。
5　须其夜艾：等天快亮时。
6　无验：没有根据。
7　互唼迭击之：互相用嘴去啄它。唼，shà，水鸟吃东西的声音。
8　少选：一会儿。
9　率十获五：大概十只中就能捉到五只。

㊶恃胜失备

北宋·沈括[1]《梦溪笔谈·权智》

【经典故事】

曾经有一个人在路上遇到强盗拦路抢劫，那人自然不肯乖乖把钱拿出来，又仗着习过武艺，便拿着长矛和强盗的刀斗了起来。

两人的武器才刚刚相击，强盗忽然从腰间拿起水壶，仰头就喝，口中偷偷含饱一口水，斗到紧张的时候，就喷在那人脸上。那人突然被喷得满脸是水，十分惊愕，手上就慢了一下。强盗便趁机将手中的刀刺进那人的胸口，立刻结果[2]了他，然后洗劫财物扬长而去。

无巧不成书，后来有个壮士也遇上了这个强盗，他也不

---

1 沈括：（公元1031—1095年），字存中，以博学多才的科学家著名，对数学、天文、物理、地理、药物等均有贡献。著有《梦溪笔谈》，内容极为广泛，主要是自然科学和见闻录，也有智慧寓言。
2 结果：杀死。

肯把财物交出来，于是两人一言不合便打斗起来。这壮士行走江湖多年，早就听说强盗有"含水喷人"的一招，因此便加意防范。

斗了好几回合，壮士的武功不弱，将一根长矛使得虎虎生风，招招对准要害，强盗眼看一时难以取胜，不禁焦躁起来，便又使出老伎俩。然而他才刚刚将水喷出口，壮士的长矛便已经刺穿了他的脖子，强盗当场血溅五步而死。

诗佳老师说

做事情不能一成不变，因为以前的经验曾经带来胜利，就一用再用。因循守旧不能带领我们前进，要成功，只有不断地创新才能出奇制胜。

强盗失败的原因，是因为伎俩用了太多次，机密已经泄漏，之后还想依靠这一诈术，却没有提防敌人可能已经知道"喷水"的老套招数了，于是招来灾祸。相反，强盗并不知道壮士已经看破他的伎俩，壮士便利用这点出其不意的进攻，得到胜利。

故事层层递进，寓理深刻。用第一个人与强盗相斗，被喷水的伎俩吓到而落败，来对照后面壮士与强盗相斗，两者胜败的关键是在"料敌机先"四个字。同时作者也对"喷水"蕴含讽刺，这种雕虫小技一旦泄密就会失去效用，与其使用小伎俩和诈术，不如先将真本事练成，才是最有效的做法。

灵活出招，有备无患，才能出其不意地得到最后的胜利。

经典知识

相关成语：

"恃胜失备" "故技重施" "有备无患"

　　《梦溪笔谈·权智》："有人曾遇强寇，斗。矛刃方接，寇先含水满口，忽噀[1]其面，其人愕然，刃已揕[2]胸。后有一壮士，复与寇遇，已先知噀水之事。寇复用之，水才出口，矛已洞颈[3]。盖已陈刍狗[4]，其机已泄[5]。恃[6]胜失备，反受其害。"比喻仗恃着成功的经验，而失去了防备之心。

1　噀：xùn，喷水。

2　揕：zhèn，刺。

3　洞颈：刺穿脖子。洞，动词，刺穿。

4　盖：推究原因。已陈：已经旧的。刍狗：祭祀时陈列的一种干草扎成的狗。

5　机：机密。泄：泄漏。

6　恃：shì，依靠，凭借。备：防备。

㊷黠鼠

【经典故事】

夜深了，苏轼独坐着看书，听见床底下有老鼠啮咬，嘟嘟聱聱[2]，非常吵闹。苏轼拍击床板，没几下，声音就停止了。然而不久便又发出声响。

苏轼被吵得受不了，没奈何，只好命童子拿着烛火照亮床底下，却发现那里有一只袋子，老鼠的声音就是从里面发出来的。

童子开心地说："啊！这只老鼠被关住就不能离开了。"打开袋子看时，里面却空无一物，再举起蜡烛仔细检查，才发现袋子里有一只死老鼠，直挺挺的躺在里头，看起来

1　苏轼：（公元1037—1101年），字子瞻，号"东坡居士"。北宋大文学家、书画家，与父亲苏洵、弟弟苏辙合称"三苏"，同属"唐宋八大家"。著有《苏东坡集》。

2　嘟嘟聱聱：jiāo jiāo áo áo，状声词，形容老鼠咬东西的声音。

已经死去许久。

童子很惊讶："我明明听见老鼠在叫，怎么会突然死了？刚才是什么声音？难道是鬼吗？"他把袋子翻过来，死老鼠便骨溜溜的滚出来了，没想到它一落地，就忽然跳起来逃走了，动作异常迅速，再敏捷的人也会措手不及。

童子惊讶得手足无措。

苏轼见了，叹气道："真奇特啊！这是一只小老鼠的计谋。"

诗佳老师说

《黠鼠赋》据说是苏轼十一岁时写的，他细腻的观察生活周遭发生的事，并以小观大，从中得到深刻的寓意。

从童子与老鼠的互动，苏轼观察到老鼠被关在袋子里，袋子外皮硬，不能钻透，所以它故意咬袋子制造声音引人打开，又故意装死，趁人不备时逃脱。苏轼认为这样小的生物都能想出好计谋，而有智慧的人却中了老鼠的计，那么人的智慧在哪里？如果老鼠是象征可能面对的敌人，那么人是否应该有所警觉与反思？

同时，苏轼也对自己的专注力做了一番反省，他认为老鼠制造点噪音，他就受干扰了，表明他自己不专心，因此容易受到外界左右。当我们在观察事物或读故事的时候，也应该和苏轼一样从各个角度进行思考。

小老鼠故意装死，趁人不备时逃跑，表现出人也及不上的智慧。

经典知识

相关成语：

"声东击西" "趁人不备" "掩人耳目"

出处

《苏东坡集·黠[1]鼠赋》："苏子夜坐，有鼠方啮[2]，拊[3]床而止之。既止，复作，使童子烛之[4]，有橐中空[5]，嘐嘐聱聱，声在橐中。曰："噫！此鼠之见闭而不得去者也。"发[6]而视之，寂无所有，举烛而索，中有死鼠。童子惊曰："是方啮也，而遽[7]死耶？向为何声，岂其鬼耶？"覆而出之，堕地乃走。虽有敏者，莫措其手[8]。苏子叹曰："异哉！是鼠之黠也。""比喻虚张声势，使人产生错觉，实则把主力放在别人没有防备之处。

1　黠：xiá，狡猾。
2　啮：niè，咬。
3　拊：fǔ，拍。
4　烛之：用蜡烛去照它。烛，动词，照亮。
5　橐：tuó，袋子。
6　发：打开。
7　遽：突然。
8　莫措其手：措手不及。

43 乌戒[1]

北宋・晁补之[2]《鸡肋集》

【经典故事】

乌鸦是鸟类中最狡猾的，它们很懂得观察人的声音动态，只要有一点微小的变化，就飞走不敢稍作停留，它们不是人们用弹弓射击就可以捉到的。

关中地区的百姓摸透了乌鸦狡猾的性格，知道除非利用乌鸦本身的狡猾，否则无法捉到它们，于是便到野外布置一些祭饼和纸钱，到坟墓上哭号，就好像那些祭祀的家属一样。哭完以后，就撒下纸钱并将祭饼放在坟地，然后离开。

乌鸦们见到有食物，都争着飞下来啄食，眼看着就要将

---

1 戒：防备，戒备。

2 晁补之：（公元1053—1110年），字无咎，号"归来子"。十几岁就受苏轼的赏识，为苏轼的学生"苏门四学士"之一。文学家。著有《鸡肋集》，其中不少寓言嘲讽迂腐之事。

食物一扫而空，那些哭号的人已经站在另一边的坟地上，像刚刚那样撒下纸钱、留下祭饼。

乌鸦虽然狡猾，却不会怀疑这是引诱它们的陷阱，更加争先恐后地鸣叫，并且争斗抢食。这样重复了三、四次后，乌鸦们开始跟在人们后面飞来飞去，越来越接近，逐渐疏忽防备。等到乌鸦靠近捕网，猎人就张开大网一举捕获它们。

诗佳老师说

作者在《乌戒》中提出了他的感叹，他说："如今，人们认为靠自己的智慧就能保全自身，却不知道灾祸就埋伏在其中，这些人几乎都看不见伪装成哭号者的敌人的存在啊！"重大的灾祸，往往隐藏线索不容易被人察觉，乌鸦尽管狡猾，但人们早已掌握了它们的习性，故意伪装成祭拜的人，骗它们来争食祭拜剩下的食物，最后乌鸦果然失去了防备之心而被捕获。

又如表面上安全无虞的日本福岛核电厂，位置就在海边，本来有防震设施，谁知道2011年日本东北太平洋近海发生9级大地震，远超过专家的预估。地震引发的海啸使海水倒灌，造成核电厂损毁，当地人害怕辐射，只好远离家园。这些都告诉我们：人类经常自以为聪明，而不知道危机往往就潜伏在问题里。

乌鸦等着吃人留下来的食物却不知道背后埋伏着危险。

经典知识

相关成语：

"诱敌深入" "不疑有他"

《鸡肋集》："乌于禽甚黠，伺[1]人音色小异，辄[2]去不留，非弹射所能得也。关中民狃乌黠[3]，以为物无不以其黠见得，则之[4]野，设饼食楮钱冢[5]间，若祭者然。哭竟[6]，裂钱弃饼而去。乌则争下啄，啄且尽，哭者已立他冢，裂钱弃饼如初。乌虽黠，不疑其诱也，益鸣搏争食。至三四，皆飞从之，益狎[7]。迫[8]于网，因举而获焉。"比喻将敌人引诱深入到对自己有利的地方。

1　伺：sì，窥看，窥伺。

2　辄：zhé，就。

3　狃乌黠：狃，niǔ，熟悉。乌，乌鸦。黠，狡猾。熟悉了乌鸦的狡猾。

4　之：往，到。

5　楮钱：纸钱。楮，chǔ。冢，zhǒng，坟墓。

6　竟：完了。

7　益狎：更加轻忽。狎，xiá。

8　迫：靠近。

④④应举忌落

宋·范正敏[1]《遁斋闲览》

【经典故事】

秀才柳冕的个性跟一般人没什么不同，如果硬要挑毛病，就是他总有许多忌讳[2]，尤其最忌讳"落"这个字，因为对读书人来说，"落第"很不吉利。

每次柳冕参加科举考试，与一同考试的秀才们闲聊时，如果有谁无意间说了"落"字，柳冕就会气得脸色发青、吹胡子瞪眼的。如果是仆人不小心触犯到他的忌讳，就更不得了，他立刻哇哇大叫，回身拿起拐杖就是一顿鞭打。他自个儿说话时，如果遇到与"落"字同音的，都会小心翼翼地改用别的字，比如说"安乐"的"乐"与"落"音似，就改成"安康"之类。

1　范正敏：又作陈正敏，号遁翁，北宋末年曾任福州长溪县令。著有《遁斋闲览》。
2　忌讳：避忌、隐讳某些不吉利的言语或举动。

有一次科举过后，柳冕听说已经发榜了，急忙派遣仆人出去查看榜单。不一会，仆人回来，柳冕连忙迎上去问道："中了吗？"

仆人回答："秀才，您"康"了啊！"

诗佳老师说

语言禁忌是一种特殊的心理现象，人们会因为某种原因而对某些语言表现出回避的态度，反映人们对某些神秘力量的畏惧。久而久之，禁忌成为社会上人际交往的礼俗，有些人相信如果不小心触犯某种禁忌就会受到惩罚，例如送人的礼物忌讳送时钟，因为谐音是"送终"，反映了人们的迷信心理。

忌讳经常形成不成文的"规矩"，例如刚进公司上班的菜鸟，就被同事叮咛"不能提到自己家庭幸福"，因为领导不久前才离婚，也不要说出"梨"字，会联想到"离"，怕刺激领导不愉快的联想。凡此种种，令人不胜其扰。

考科举应该是凭自己的才学和努力、考运和主考官的重视，才会顺利高中，绝不是靠着忌讳不说出某个字眼就能达到目的。秀才这样忌讳有什么用呢？与其在语言上限制自己与他人，不如好好充实自己的实力。

雨水滴落，害娘跌落台阶……

您就别再"落"了！

语言的忌讳防范不易，与其忙着抓忌，不如用心准备考试。

经典知识

相关成语：

"触禁犯忌"

出处

《遁斋闲览》："柳冕秀才性多忌讳。应举时，同辈与之语，有犯"落"字者，则怂然见于词色；仆夫误犯，辄加杖楚[1]。常语"安乐"为"安康"。忽闻榜出，亟[2]遣仆视之。须臾[3]，仆还，冕即迎问曰："我得否乎？"仆应曰："秀才'康'了也。"形容触犯了禁令忌讳的事。

---

1 杖楚：用拐杖、荆条鞭打。楚，荆条，动词。
2 亟：jí，急忙。
3 须臾：一会儿。臾，yú。

45 越人遇狗

宋末元初·邓牧[1]《伯牙琴·二戒》

【经典故事】

　　谁也想不到这只癞痢头、大小眼、骈趾的狗，除了"汪汪"以外，竟然还会说人话！它对阿越说："我很会打猎，可以把捕到的猎物跟你平分。"阿越听了非常高兴，以为自己捡到了宝。

　　阿越在路上遇到了这条狗，狗有气没力的"汪"了两声，忽然将头放得低低地，摇摆尾巴。他看见狗儿友善，就想伸手摸摸它的头，没想到狗忽然说话了。他听到可以分到狗捕捉的猎物，就开心地带着狗回家了。每天，这条狗都有吃不完

1　邓牧：（公元1247—1306年），字牧心。宋末元初文学家、学者，宋亡以后，终生不仕、不娶，漫游五湖四海，后来隐居，世称"文行先生"。著有《伯牙琴》，内容隐寓亡国之痛，他深感知音难遇，所以以"伯牙鼓琴"的故事作为书名，书中的《二戒》是学习柳宗元《三戒》所作的寓言，具有发人深省的智慧和讽刺的意义。

的美味佳肴，它受的待遇简直跟人没有两样。

渐渐地，狗傲慢起来，每次猎到野兽必定全部吃个精光，丝毫不留给主人。有人听说了，就当面讥笑阿越："你养活狗，给它过舒服的日子，但是它捕到野兽却自己全部吃了，不留给你一根骨头。你还要它做什么？"

阿越终于懂了。当晚，狗捕到野兽回来时，他就跑去跟狗分肉，而且拿的比留给狗的还要多。这下子惹火了狗，它忽然跳起来，一口咬住阿越的头，又咬断阿越脖子和腿，等人死透透了便扬长而去。

把狗当成家人养，又跟狗争食，怎么会不失败呢？

诗佳老师说

故事是讽刺那些巧言善骗和财迷心窍的小人。

狗一开始靠着说人话、态度友善，又善于对人诱之以利，说自己可将捕到的猎物和人平分，以获得人的好感。听到的人自然大为心动，贪图不劳而获，便抱着私心将狗带回家，用最好的待遇饲养。人对利益的追求，使他看不清狗的本性并不容许与之争食，结果便是造成身首异处的惨剧。

狗的伪善，如同社会上被称之"衣冠禽兽"的那类人，他们虽然口出人言、态度友善，内心却有如禽兽一般残忍贪婪；他们常藉着外表哄骗他人，一般人也容易上当。故事中的狗因为贪婪而日渐傲慢，人也因为贪婪而枉送性命，这提醒我们：私心太重，将会妨碍人的观察力和判断力，唯有去除私欲，才有足够的智慧明察秋毫。

被私心蒙蔽，才会将口说人话、内心兽性的狗当作家人。

经 典 知 识

相关成语：

"贪得无厌" "姑息养奸" "衣冠禽兽"

出处

《伯牙琴·二戒》："越人道上遇狗，狗下首摇尾，人言曰："我善猎，与若中分[1]。"越人喜，引而俱归，食以粱肉[2]，待之以人礼。狗得盛礼，日益倨[3]，猎得兽，必尽啖[4]乃已。或嗤[5]越人曰："尔饮食之，得兽，狗辄尽啖，将奚以狗为[6]？"越人悟，因与分肉，多自与。狗怒，啮其首，断领[7]足，走而去之。夫以家人养狗[8]，而与狗争食，几何[9]不败也！"比喻不除去贪婪的敌人，将给自己留下后患。

---

1 若：你。中分：分成两半。

2 粱肉：美味佳肴。

3 倨：傲慢。

4 啖：dàn，吃。

5 嗤：讥笑。

6 将奚以狗为：还要狗做什么呢？

7 领：脖子。

8 以家人养狗：把狗当成自己家人来养。

9 几何：怎么会。

46 金鎞刺肉

元·陶宗仪[1]《辍耕录》

【经典故事】

西瑛正在和妻子吃饭，有个婢女在桌旁伺候。一桌子安静，只听见碗筷交碰的叮叮声。

妻子拿着一枚金钗，斯文地从碗里刺了块肉，正要送进嘴里，门外的仆役说有客人来了。西瑛放下筷子出去迎接客人，妻子也来不及吃肉，只好将金钗和肉搁在碗里，起身准备茶水。等她回来后，却到处都找不到那枚金钗。

金钗是价值昂贵的物品。妻子找不到，正急得团团转，一瞥眼看见婢女正在桌旁忙着，便一拍桌子，大怒道："一定是你偷走金钗！"于是用尽方法折磨拷问，但婢女始终不认偷窃，最后竟然活生生被拷问致死。

1 　陶宗仪：（公元1329年—1410年）字九成，元时考进士，一试不中就不再考。家贫，以教书为生。著有《辍耕录》，又称《南村辍耕录》，内容为杂记，也有警世的寓言。

看见人死了，西瑛夫妻虽然惊慌，但还是将这事掩盖过去了。家里人都知道死了个人，但只是婢女，不碍事的。提到了这件事也只敢说"她"，很隐晦的。

一年多以后，某天西瑛叫工匠打扫屋瓦，清洁积存的秽物。忽然扫下一件东西，掉落在石子地上发出清脆的响声。西瑛捡起来看，竟是当初遗失的金钗，它和腐朽的猫骨头一起掉下来了，必定是猫偷肉，连金钗也带走了；猫吃肉不小心被金钗刺死在屋顶。当时婢女正在工作，并没看到，于是就这样含冤死去了。

诗佳老师说

没有拿到赃物，怎么能诬指他人是贼？在没弄清楚事实真相前，不应该轻易下结论，只凭着似是而非的"线索"就将人拷问。抱着这种心态做事，主导的人又与权势相结合，小则使人蒙受冤屈，自尊受损；大则可能鱼肉百姓，祸国殃民。

除了婢女冤死的主题之外，故事也反映了古时传统社会下婢女的无奈。婢女就是女性奴隶，古时婢女生的子孙世世代代都是奴婢，可以被主人买卖或是婚配，婚配的对象也只能是同样阶级的男性奴仆，因为她们的身份是"贱民"，是主人的"财产"，生命不受重视，命运完全由不得自己做主。

古时婢女受到主人虐待的事情时常发生，这样的事在现代也时有所闻，因此元代末年的陶宗仪听到这件事就记载了下来，感叹的说："世上这样冤屈的事真的很多。"可见作者如此地怜悯与同情弱者，并且提醒我们应该尊重每个生命。

主妇责打，婢女含冤不认，可怜的姑娘，芳魂袅袅难寻。

相关成语：

"含冤负屈" "奇冤极枉" "沉冤莫白"

出处

《辍耕录》："一日，方与妻对饭，妻以小金錍刺脔肉[1]，将入口，门外有客至。西瑛出肃客[2]，妻不及啖，且置器中，起去治茶。比回[3]，无觅金錍处。时一小婢在侧执作，意其窃取，拷问万端，终无认辞，竟至损命。岁余，召匠者整屋扫瓦瓴积垢[4]，忽一物落石上有声，取视之，乃向所失金錍也。与朽骨一块同坠。原其所以，必是猫来偷肉，故带而去，婢偶不及见，而含冤以死。"相关成语比喻受到极大的冤屈而无法昭雪。

1　金錍：錍，pī。金钗。脔肉：成块的肉。脔，luán。
2　肃客：恭敬迎接来客。
3　比回：等到回来。
4　瓦瓴：屋顶上的瓦，用来流水的沟槽。瓴，líng。积垢：积存的脏东西。

47 野猫

元·宋濂[1]《宋文宪公全集·杂著》

【经典故事】

卫国的束先生对任何东西都看不上眼，独独爱猫。猫的专长是捉老鼠，束家又养了一百多只猫，猫儿们把束家连同左邻右舍的老鼠，都抓得快要绝迹啦！猫找不到食物，饿了就大叫，于是束先生每天便到市场上买肉喂猫。

几年过去了，猫儿生了一窝小猫；小猫长大，又生出许许多多小猫。后来出生的猫吃惯了现成的肉，不需要"打猎"，竟不知世上有"老鼠"。它们饿了就叫，一叫就有人拿肉给它们吃，吃饱了便懒洋洋的，走路慢慢地，一副安闲的模样。

束家的猫多，城南读书人的家里却是鼠多，让他困扰不

1　宋濂：（公元1310—1381年），字景濂，号潜溪。以史学家、文学家著称，主修《元史》。著有《宋文宪公全集》，其中《杂著》和《燕书》多属寓言，揭露元代社会的黑暗面，文笔犀利，寓意深远。

已。那些老鼠成群结队在屋里走来走去，有的还会掉进瓮[1]里弄脏饮食。读书人急忙从束家借了一只猫回家。猫看见四处乱窜的老鼠耸着双耳，瞪着黑亮的眼睛，吓得"刷"地竖起颈上的红毛，以为是怪物。它只在瓮口边缘跟着底下的老鼠打转，却不敢跳下去捉。

读书人气极了，就将猫推进瓮里。猫怕死了，对老鼠叫了好久。老鼠推测猫除了叫和竖毛，没别的本事了，就用力咬猫的脚。猫竟然吓得从瓮中跳了出来。

诗佳老师说

"不进则退"是作者想告诉我们的道理。猫的专长是抓老鼠，可是这个特长如果长久不用，缺乏练习，加上代代子孙受到人类驯养，不必烦恼生存问题，猫的野性就会退化，狩猎的本能也就逐渐消失了，以致于看到老鼠竟然不知道那是什么动物，反而被这种"怪物"惊吓到，于是"老鼠欺负猫"就成了看似荒谬、却理所当然的结果。

作者更想借此讽喻国家养的武士们，他们世代都

1　瓮：wèng，盛东西用的陶器，腹部大，口小。

享受国家给的奉禄，一旦遇到强盗，却退缩不敢缉捕，这和束家的猫有什么不同呢？过分享受、过度溺爱，都会给人带来不良的后果，养尊处优的生活，很容易让人丧失最基本的生活能力，刀久不磨就钝了，长久缺乏锻炼，更会丧失专业技能。故事很值得我们省思。

养尊处优的猫失去了狩猎的本能将反被老鼠欺负。

经典知识

相关成语：

"养尊处优" "用进废退" "不进则退"

出处

《宋文宪公全集·杂著》："卫人束氏，举世之物咸无所好[1]，惟好畜狸狌[2]。狸狌，捕鼠兽也。畜至百余，家东西[3]之鼠捕且尽，狸狌无所食，饥而嗥[4]。束氏日市[5]肉啖之。狸狌生子若[6]孙，以啖肉故，竟不知世之有鼠。但饥辄嗥，嗥辄得肉食，食已，与与如也[7]，熙熙如也[8]。南郭有士病鼠[9]，鼠群行，有堕瓮者。急从束氏假[10]狸狌以去。狸狌见鼠，双耳耸，眼突露如漆，赤鬣又砾砾然[11]，意为异物也，沿鼠行不敢下。士怒，推入之。狸狌怖甚，对之大嗥。久之，鼠度[12]其无他技，啮[13]其足。狸狌奋掷而出。"比喻不经常磨练，能力就会退化。

1　咸无所好：没有别的爱好。咸，xián。

2　狸狌：野猫，泛指猫。狸，lí。

3　家东西：住家的东西厢房和左邻右舍。

4　嗥：háo，号叫。

5　市：动词，买。

6　若：及，和。

7　与与如也：走路缓慢。

8　熙熙如也：温柔和顺。

9　病鼠：有鼠患。

10　假：借。

11　赤鬣：猫颈上的红毛。鬣，liè。砾砾然：形容爆裂声。砾，zhé。

12　度：推测，猜测。

13　啮：niè，咬，啃。

48 晋人好利

元·宋濂《宋文宪公全集·秋风枢》

【经典故事】

晋国人到市场去，看见喜欢的东西就抓在手中说："这美食我可以吃，这锦绣我可以穿，这物品我可以用，这器皿我可以装东西。"一副贪心的馋相。说完话，也不管摊贩同不同意，拿了东西就走。

管理市场的官吏连忙追上去向晋人讨钱。晋人却说："我追求利益的心如同火一样热啊！看到喜欢的，眼睛就发晕冒火。天底下的东西，好像本来就是属于我的，又怎会知道那是你的呢？你就把这些东西给我吧！如果我发财了一定会还你。"

官吏很生气，跳脚大骂："你根本就想赖帐！"于是拿起鞭子狠狠抽了晋人一顿，抢回被他抢走的财物，怒气冲冲地走了。

有人在旁边看见就嘲笑晋人。晋人一边抚着伤口叫"唉呦"，一边气得指着那人骂道："世人贪图利益的心比我还严重，他们千方百计强取豪夺，跟他们比，我算什么！只不过在白天拿东西，难道不是比他们好吗？有啥好笑！"

诗佳老师说

好利是人的天性，它不一定是坏事，俗话说"君子爱财，取之有道"，人人透过正当的手段取得财物、付出努力，才是社会进步的动力。但是某些人有的公然强取豪夺，被人捉到或被指摘时就振振有词，用一些歪理为自己自圆其说；有的则是表面上道貌岸然，自诩为"正义之士"，暗地里却是贪得无厌，为了追求利益不择手段，这些人才是最可怕的！他们的虚伪，令善良的好人防不胜防。

故事描绘出那种利欲熏心的人的嘴脸，他们会在公开或私底下剥削、掠夺弱势者。晋人明目张胆抢取他人财物，最后还以强盗的歪理为自己辩护，他的行为是错误的，但作者企图透过他的话引发人们思考：在现实生活中，许多光鲜亮丽的贪官污吏和权贵们的想法、行为，不正好与贪婪的晋人一样吗？

晋人认为自己"盗亦有道"，然而他终究还是一个贪婪的强盗。

经典知识

相关成语：

"利欲熏心""利令智昏""唯利是图"

出处

《宋文宪公全集·秋风枢》："晋人有好利者，入市区焉。遇物即攫[1]之，曰："此吾可羞[2]也，此吾可服[3]

---

1 攫：jué，抓取。

2 羞：动词，同"馐"。馐，美味的食物。

3 服：动词，穿衣服。

也，此吾可资¹也，此吾可器²也。"攫已，即去。市伯随而索其直³，晋人曰："吾利火炽⁴时，双目晕热，四海之物，皆若己所固有，不知为尔⁵物也。尔幸予我，我若富贵当尔偿⁶。"市伯怒，鞭之，夺其物以去。傍有哂⁷之者，晋人戟手⁸骂曰："世人好利甚于我，往往百计而阴夺之，吾犹取之白昼，岂不又贤于彼哉？何哂之有？"形容人为了贪图名利私欲而蒙蔽了心智。

---

1 资：可用的物资。
2 器：动词，装东西的器皿。
3 市伯：市场的管理者。直：值，价钱。
4 利火炽：求利的心如火一般热烈。
5 尔：你。
6 尔偿：倒装句，偿尔，偿还你。
7 哂：shěn，嘲笑。
8 戟手：用手指着。戟，jǐ。

㊾焚鼠毁庐

元·宋濂《宋文宪公全集·尉迟枢》

【经典故事】

越地的西边住着个单身汉，一个人扎起芦苇、茅草盖的房屋，努力耕作，自己收成。久了就连豆子、粟米、盐巴、奶酪等，都不必靠别人而能自给自足。

只有一件事令他烦恼。他家曾出现过许多老鼠，白天它们成群结队地行动，到了晚上就乱咬东西，牙齿发出唧唧吱吱的声音好不扰人，直到天亮。他一直烦恼着，但是总不去采取行动解决问题。

有一天，男子和朋友多喝了几杯，醉醺醺地回家，打算就寝。没想到头才刚沾上枕头，老鼠就制造出各种声响，一时噪音四起。他非常恼火，完全无法闭上眼睛睡觉，他终于忍无可忍了，拿着火把四处点火打算烧死老鼠。果然老鼠死了，但房屋也烧毁了。第二天他酒醒了，不知所措地站在烧毁的房屋面前，无家可归。

　　龙门子听说后，连忙赶去慰问他。男子难过的说："人真的不能太压抑怨气！我太生老鼠的气了，以致冲动到只看见老鼠，却没有考虑房屋的安全，不知会酿成灾祸。人真的不能太压抑啊！"

诗佳老师说

　　为了消灭老鼠而烧毁房屋，毫无疑问是因小失大的愚蠢行为。故事的主角是个自食其力的单身汉，他每天努力工作，回家只想休息，却天天受到老鼠的骚扰不得安眠，他又不处理此事，久而久之，怒气就会累积成怨愤，使他在盛怒下做了后悔的事。故事提醒我们：不要经常压抑不满、累积情绪，遇到问题就要及时处理，避免原本可以圆满解决的事遗憾收场。

　　但如果将故事翻转来看，是否还有其他的意义或影射？主角是努力的劳工，但长期遭受老鼠（雇主）的损害、压迫，也许"不处理"其实是"无法处理"，因为老鼠滋生繁多（雇主权势大）。最后他忍无可忍，宁可玉石俱焚也不愿跟鼠辈妥协；他的怒气成了熊熊之火。

也许他没想到抗争要付出代价，但是想想：房屋再盖就有了，一时的伤心难免，但根除了祸害，才能彻底保障自己的生存。

被欺负造成的积怨，没有妥善处理，就会如大火一发不可收拾。

经典知识

相关成语：

"焚鼠灭庐" "因小失大"

出处

《宋文宪公全集·尉迟枢》："越西有独居男子，

结生茨以为庐[1]，力耕以为食；久之，菽粟盐酪[2]，具无仰[3]于人。尝患鼠，昼则累累然[4]行，夜则鸣啮[5]至旦。男子积憾之[6]。一日被酒[7]归，始就枕，鼠百故恼之，目不得瞑[8]。男子怒，持火四焚之。鼠死，庐亦毁。次日酒解，伥伥[9]无所归。龙门子唁[10]之。男子曰："人不可积憾哉！予初怒鼠甚，见鼠不见庐也，不自知祸至于此。人不可积憾哉！"比喻为了处理小事故，而使大事受到贻误或损害。

1　生茨：cí，茅草。庐：茅草房屋。
2　菽：shū，豆子。酪：醋酱或乳制品。
3　具：俱，全部。仰：依靠。
4　累累然：成群结队的样子。
5　鸣啮：牙齿乱咬东西发出的声音。
6　积憾之：长期以鼠患为憾。
7　被酒：多喝了酒。被，加。
8　瞑：闭上眼睛。
9　伥伥：chāng chāng，茫然、不知所措的样子。
10　唁：yàn，慰问。

50 变易是非[1]

元·宋濂《宋文宪公全集·龙门子凝道记》

【经典故事】

洛阳的读书人申屠敦拥有一座汉鼎，是在长安附近一条深河中得到的。鼎上的云彩纹路和龙形图案交错，精致异常。

西邻的鲁先生看见了，极为羡慕，于是请工匠仿制了一个。铸造时，先将烫红的铁打造成形，浸在药水里，再埋进地洞三年。鼎受到泥土和药水的腐蚀后，开始生锈，不论外表或年份，看起来都和申屠敦的鼎差不多。

那天早上，鲁先生兴冲冲地拿着仿鼎，献给一个有钱有势的权贵。那权贵竟然将仿鼎当作宝物，成天爱不释手，更大开筵席，不分官民地邀请了许多宾客，并将仿鼎拿到席间给众人赏玩。

---

1 变易是非：易，变换。是非颠倒。

申屠敦刚好在座上，一眼就看出来这个鼎是仿的，就对权贵说："我也有个鼎，和您的极为相似，只是不知哪个是真品。"权贵便要求要看。

不久，申屠敦的鼎送来了。权贵绕着鼎，又捏又摸，看了老半天，说："这鼎不是真的。"宾客们纷纷随声附和："这鼎确实不是真的！"申屠敦忿忿不平，就和众人争论了起来，所有的人如同嗜血的苍蝇般联合起来羞辱他。

申屠敦感到无奈，只好不再辩驳。回家后，他感慨地说："我终于明白，权势真的能使是非颠倒啊！"

诗佳老师说

透过申屠敦的故事，作者揭露出当时权贵与平民之间存在的阶级差异，讽刺了社会上那些趋炎附势的人，为了迎合权贵，竟然可以把真鼎说成仿鼎的荒谬事实。不只是鼎，比如一篇文章的好坏、一件官司的判决等等，在权势的面前，一般百姓就算掌握到真鼎（真理），也很难替自己辩护。

以古鉴今，在今天这个自由文明的社会里，这种挟着权势左右人们的判断、将权势当作是非标准的情况，不是仍经常可见吗？而现代人如果遇到权势欺压，又该如何解决呢？故事的寓意，到现在仍然具有反映现实的意义。

我的鼎可是珍贵的千年古鼎。

只要您说是古鼎，它就是古鼎。

权势能够决定人对真假的判断，其实都是人们自己造成的。

经典知识

相关成语：

"指鹿为马""以假乱真""颠倒黑白"

出处

《宋文宪公全集·龙门子凝道记》："洛阳布衣申

屠敦有汉鼎[1]一，得于长安深川之下，云螭斜错[2]，其文烂如[3]也。西邻鲁生见而悦焉，呼金工象[4]而铸之，淬[5]以奇药，穴地藏之者三年，土与药交蚀，铜质已化，与敦所有者略类[6]。一旦[7]，持献权贵人，贵之宝之，飨宾而玩之[8]。敦偶在坐，心知为鲁生物也，乃曰："敦亦有鼎，其形酷肖是。第不知孰真耳[9]。"权贵人请观之，良久曰："非真也。"众宾次第，咸曰[10]："是诚非真也。"敦不平，辩数不已[11]。众共折辱[12]之，敦噤[13]，不敢言。归而叹曰："吾今然后知势[14]之足以变易是非也！"

比喻歪曲事实、混淆是非黑白。

1　布衣：平民。汉鼎：汉代以后用青铜器制成的炊具。鼎是古代立国的重器，十分贵重。

2　云螭斜错：云彩和龙行的图腾交错。

3　文：花纹。烂如：辉煌灿烂的样子。

4　金工：铸造的工匠。象：仿制。

5　淬：cuì，浸染的意思。

6　略类：大致相似。

7　一旦：有一天。

8　贵之宝之：将鼎视为珍宝。飨宾：宴请宾客。玩之：赏玩。

9　第：但是，只是。孰：哪个。

10　次第：纷纷的、相继的。咸：都、皆。

11　辩数不已：争论不休。辩，同"辨"。

12　折辱：侮辱，屈辱。

13　噤：jìn，闭口不敢说话。

14　今然后：从今天起。势：权势。

51 蟾蜍与蚵蚾

明·刘基[1]《郁离子·鲁班》

【经典故事】

　　蟾蜍[2]在水流动不绝的湖泽畔游玩，蚵蚾[3]把它当作同类，很高兴它跟自己长得像，便想和蟾蜍一起去月亮上玩，叫鼀[4]去问它。鼀很快地回来。蚵蚾好奇地问："蟾蜍都吃些什么？"

　　鼀说："蟾蜍住在月亮中，栖息在桂树的树荫下，吃天空最纯粹的精华，吸清风露珠的汁液。除此以外就没别的食物了。"

1　刘基：（公元1311—1375年），字伯温。为明初开国功臣之一，封诚意伯。著有《郁离子》，是元末刘基弃官后的笔记、寓言集，文笔犀利，寓意深刻，不少内容反映了元代的黑暗面。

2　蟾蜍：体型肥大，性迟缓，不能鸣，常栖于阴湿之地。皮肤有疣，可分泌毒液。这里指神话中住在月亮里的蟾蜍。

3　蚵蚾：kē bǒ，属于癞蛤蟆的一种，类似蟾蜍。

4　鼀：qù，癞蛤蟆的别种，只在陆地生活。

蚵蚙皱着鼻子："如果这样，我就不能跟它去玩了。我这边生活很好，每天三餐都吃得饱饱的，怎能跟它孤单地住在空旷清冷的月亮上，还得饿着肚子吸风饮露呢？"听见蚵蚙这么说，鼋不禁好奇起来，就问蚵蚙的食物是什么？然而蚵蚙不理它就走了。

鼋感到无趣，就到蟾蜍那儿。蟾蜍听了也很好奇，就要鼋偷偷溜回去看蚵蚙吃什么。鼋躲在旁边看，原来蚵蚙正盘踞在粪坑里吃蛆、吸粪水喝，吃得肚子鼓鼓的，肥肥胖胖很满足的样子。于是鼋回到蟾蜍那里说："蚵蚙的食物是粪坑里的蛆和粪水，不能一天不吃啊！它怎能跟你上月亮呢？"

蟾蜍皱着额头，嗤笑道："哎呀！我到底做错了什么？老天爷竟然让我长得跟这东西相像！"

诗佳老师说

故事讽刺了那些自命清高，眼睛长在头顶上，实际上自己却是个肮脏龌龊的人。

蟾蜍住在月亮里，每天餐风饮露便自以为高尚，见蚵蚙长得像自己，就邀它来月宫居住，其实是因为过度骄傲产生的自恋心理，认为自己的最好，和自己相似的也应该是最好的。蚵蚾也是，听说蟾蜍过的是清高孤寂的生活，便认为自己的粪坑才是天堂。

任何事物都有外表和本质，两者往往存在着差异，如果你忽视这点，只看外表相似（尤其是像自己），就以貌取人，往往容易被表象迷惑。故事寓意是说：人们应认清外表与本质的区别，本质实在比外表更加真实。

蟾蜍觉得自己最高尚，就拿自己当完美的范本，要蚵蚾追随他。

经典知识

相关成语：

"以貌取人" "表里不一" "眼高于顶"

《郁离子·鲁班》："蟾蜍游于泱瀁之泽[1]，蚵蚾以其族见。喜其类己[2]也，欲与俱入月，使鼋呼之。问曰："彼何食？"曰："彼宅于月中，身栖桂树之阴[3]，餐太和之纯精[4]，吸风露之华滋[5]，他无所食也。"蚵蚾曰："若是则予不能从矣。予处泱瀁之中，一日而三饱。予焉能从彼单栖泬瀑[6]，枵[7]其胃肠而吸饮风露乎？"问其食，不对。鼋覆命。使返而窥之，则方据溷[8]而食其蛆，蛊[9]粪汁而饮之，满腹，然后出，朒朒然[10]。鼋返曰："彼之食，溷蛆与粪汁也，不可一日无也，而焉能从子？"蟾蜍蹙额而哈[11]曰："呜呼！予何罪而生与此物类也！"

比喻内外不一致，指思想和言行、外貌上的不一致。

1　泱瀁：yǎng nǎng，水流的样子。泽：沼泽。

2　类己：跟自己很像。

3　阴：树荫。

4　餐：动词，吃。太和之纯精：天空中最纯的精气。

5　华滋：精华。

6　泬瀑：jué liáo，空旷清朗的地方。

7　枵：xiāo，空虚。

8　方：正在。据：盘踞。溷：hùn，粪坑。

9　蛊：gǔ，吸食。

10　朒朒然：朒，nà，得肚子鼓鼓的。

11　哈：hāi，嗤笑，讥笑。

52 猕猴造反

元·刘基《郁离子·瞽瞆》

【经典故事】

楚国有个养猴子的人，叫做"狙公"。每天早晨，他必定在庭院给猴子们分派工作，命令老猴率领小猴到山上，摘草木的果实，再从中拿走十分之一供自己享用。有的猴子采到的数量不够，狙公就鞭打它们。猴子们怕死了，觉得这种日子好苦好苦，却不敢违抗。

有一天，一只小猴子搔了搔脑袋，忽然问猴子们："山上的果树，是狙公种的吗？"猴子们抓抓腮帮子："不是啊！那些果树本来就生在山里。"

小猴子又问："如果没有老头子，我们就不能去山上采吗？"猴子们挠挠下巴："不是啊！谁都能去采。"

于是，小猴子瞪大了眼睛问："那我们为什么还要依靠他、被他奴役呢？"话没说完，猴子们全都醒悟了，兴奋地在庭院蹦蹦跳跳、议论纷纷起来。

　　当晚，猴子们偷偷摸摸地溜到狙公的房门外偷看，等狙公睡着了，就打破兽栏、毁掉兽笼，放出所有的猴子，拿走狙公的存粮，一块儿跑进森林里，再也不回来了。没有了猴子帮忙采集食物，狙公终于被活活饿死了。

诗佳老师说

　　狙公一向以刻薄地剥削、暴力的鞭打来统治猴子，让猴群苦不堪言，终于有个小猴子不堪欺压，发现形势不一定对自己不利，敢于直言，让猴群全部醒悟过来。它们团结起来反抗，使不劳而获的狙公被活活饿死了。故事说明那种用权势奴役百姓而不走正道的人，只因为百姓还没觉醒才能得逞，一旦有人觉悟过来，那么他再怎样玩弄权势都没用了。

　　猴群中首先醒悟的是"小"猴，年轻的小猴启发老猴，用三个问题一层层地帮助老猴思考，他的思想活跃、勇于反抗，为眼前的艰困带来突破性的希望。它们的对话也表现了语言的艺术，间接反映作者对年轻一代改革旧弊的期望。

我们可以靠自己，
不要被奴役了！

小猴的勇气，唤醒了猴群被奴役已久的灵魂，为它们开启一扇门。

经 典 知 识

相关成语：

"暴政必亡" "施行仁政"

出处

《郁离子·瞽瞶》："楚有养狙¹以为生者，楚人谓之狙公。旦日²，必部分³众狙于庭，使老狙率以之⁴

---

1 狙：jū，猴子。狙公：养猴子的人。
2 旦日：早晨。
3 部分：分派。
4 之：往，到。

山中，求草木之实，赋什一以自奉[1]。或[2]不给，则加鞭箠[3]焉。群狙皆畏苦之，弗敢违也。一日，有小狙谓众狙曰："山之果，公所树与[4]？"曰："否也，天生也。"曰："非公不得而取与？"曰："否也，皆得而取也。"曰："然则吾何假于彼而为之役[5]乎？"言未既[6]，众狙皆寤[7]。其夕，相与伺狙公之寝，破栅毁柙[8]，取其积[9]，相携而入于林中，不复归。狙公卒馁[10]而死。"比喻专制暴虐的统治，终有一天会自取灭亡。

1　赋：取。什一：十分之一。奉：给予。
2　或：指有的猴子。
3　鞭箠：鞭打。箠，chuí。
4　树：动词，种植。与：yú，欤，疑问词"吗"。
5　然则：那么。假于彼：靠着他。为之役：被他奴役。
6　既：结束。
7　寤：觉悟。
8　柙：xiá，兽笼。
9　积：积蓄。
10　卒：终于。馁：něi，饥饿。

⑤③越车

明·方孝孺[1]《逊志斋集》

【经典故事】

越地没有车子制造，当地人更不知道有"车子"这种交通工具。

有个来自越地的旅客，在晋国、楚国之间的郊区得到了一辆车子，车子的辐条[2]已经腐朽，车轮都塌了，车輗[3]和车辕[4]也断了，整个车子就成了废物，没什么用处。但是因为他的家乡从来就没有车子，他就用船载了这辆破车回家，好让自己可以在众人面前炫耀一番。

这辆车果然引起了许多人来观看，街坊邻居都来了，大

1　方孝孺：（公元1357—1402年），字希直，又字希古，人称正学先生。宋濂的学生。文笔纵横豪放，著有《逊志斋集》，其中有不少寓言颇具特色。

2　辐条：连接车轴和轮圈的直条。

3　车輗：輗，ní。古时大车辕端与横木相接的地方。

4　车辕：辕，yuán。车子前面驾驭牲畜的两根直木。

家听信了他的吹嘘，以为车子本来就长成这样，于是有人按照这辆破车的样子，也制作了几辆车出来，不久，一辆辆崭新的破车子都停放在仓库，等着被卖出。

有个从晋、楚附近过来做生意的人，看见越人造的车子，不禁哈哈大笑起来，笑他们的手艺笨拙，竟然做出坏的车子。越人觉得自己被侮辱了，很生气，认为他只是嫉妒才说谎骗人，就不理他。

不久，敌人入侵越国的领土，越国的士兵便驾着"崭新的破车"上战场作战，结果才跑没几步路，整辆车子就碎散了，越国被敌人打得很惨，越人却始终不明白使他们打败仗的原因是"车子"。

诗佳老师说

我们观察任何事物时，不能只看它光鲜亮丽的外表，贪图新奇，想尝鲜，却不去进行深入的研究，像故事中的越人胡乱仿造，把别人的瑕疵当作宝贝而不自知，还得意洋洋地向人夸耀，就可能会造成严重的后果。

作者方孝孺举《越车》的故事为例，其实也是在提醒从事任何学习的人，如果想要学习、引进新的知识，就必须先了解它的长处和缺失，要能够灵活运用，否则很可能会反被知识给误导或箝制，导致最后的失败。

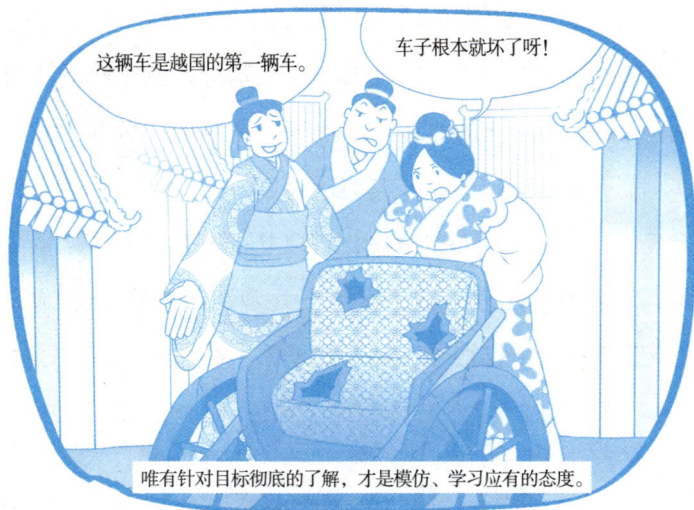

唯有针对目标彻底的了解，才是模仿、学习应有的态度。

经典知识

相关成语：

"画虎类犬" "东施效颦"

出处

《逊志斋集》："越无车，有游者得车于晋、楚之郊，辐朽而轮败，輗折而辕毁，无所可用。然以其乡之未尝有也，舟载以归而夸诸人[1]。观者闻其夸而信之，以为车固若是[2]，效而为之者相属[3]。他日，晋楚之人见而笑其拙，越人以为绐[4]己，不顾。及寇兵侵其境，越率敝车御之[5]。车坏，大败，终不知其车也。"比喻模仿不到家，反而不伦不类。

1　夸诸人：像人们夸耀。

2　固若是：本来就是这样。

3　效：仿效。相属：连续不断。

4　绐：dài，欺骗。

5　敝车：破车。御：驾车。

54 越巫

明·方孝孺《逊志斋集》

【经典故事】

　　越地有巫师[1]自称会驱鬼，病人来拜托他，他就开坛[2]作法，吹海螺、摇铜铃，又蹦又跳地跳起胡旋舞[3]，为人消除灾病。如果病人侥幸好了，就留下来吃喝一番，拿了钱就走；如果死了，就找别的借口，反正绝不会承认作假。巫师经常炫耀说："我擅长驱鬼，鬼怪都怕我。"

　　有个爱恶作剧的少年讨厌巫师的虚伪，某天夜里就带了五、六个人分别爬到不同的树上躲起来，距离各一里左右，等巫师经过便用砂石丢他。巫师以为遇到鬼，马上吹海螺，旋转着身体边吹边跑。他怕极了，脑袋胀痛得厉害，走路时也不知

1　巫师：用降神驱鬼当职业来骗钱的人。

2　坛：祭神作法的场所。

3　胡旋舞：原为少数民族舞蹈，舞时快速旋转。这里指胡乱舞动身体。

道脚是踩在什么地方。

巫师跑了一段路，安心了些，但树上的砂石又乱丢下来。他再次拿出海螺来吹，却吓得吹不出声，便急忙地往前跑。往前一点，还是像刚才一样。巫师吓得两手发抖、喘不过气来，海螺"匡当"一声掉在地上。他拼命摇铜铃，但是太慌张了，连铜铃也掉了，只好大叫着不停地跑。一路上，巫师听到脚步声和树叶摇动之声在山谷间回响，以为都是鬼。他大声哭叫求救，叫得十分悲伤。

半夜巫师终于到家了，哭着敲门。妻子诧异地问他原因，他已经吓得舌头僵缩，支吾了老半天只是指着床说："快扶我躺下！我碰到了鬼，要死了！"最后他终于因吓破胆而死，皮肤发青，到死也不知道拿砂石丢他的是人而不是鬼。

诗佳老师说

故事讽刺了社会上招摇撞骗的"越巫们"，不仅害人，也必将害己。作者生动地刻画了越巫的形象，诈骗时，一副煞有介事的样子，碰巧病人好转，便贪功邀赏；病人死了，他便推说其他原因，甚至时常夸口自己的法力无边。寥寥数语，就传神地刻画出越巫的丑态。

故事也巧妙地运用巫师作法的两样道具"角"和"铃"。刚开始以为有鬼，巫师还能边吹海螺、边跑；后来以为真鬼又现身时，他已经吹不出声音来；再以为又有鬼时，他手上的海螺和铜铃都掉到地上，只能仓促逃跑，精彩的动作配合神态的描写，突显了人物的鲜活形象。

没有真本事而靠说谎骗人的，面对考验往往不堪一击。

经典知识

相关成语：

"装神弄鬼""故弄玄虚""装模作样"

出处

《逊志斋集》："越巫自诡¹善驱鬼物。人病，立坛场²，鸣角振铃³，跳掷叫呼，为胡旋舞，禳⁴之。病幸已，馔酒食，持其赀⁵去；死则诿以他故，终不自信其术之妄。恒夸人曰："我善治鬼，鬼莫敢我抗⁶。"恶少年愠其诞⁷，瞷⁸其夜归，分五六人栖道旁木上，相去各里所。候巫过，下砂石击之。巫以为真鬼也，即旋其角，且角⁹且走。心大骇，首岑岑¹⁰加重，行不知足所

1　自诡：自己谎称。

2　坛场：祭神作法的地方。

3　鸣角振铃：吹海螺与摇铃。

4　禳：ráng，祈祷消除灾殃。

5　赀：zī，钱财。

6　鬼莫敢我抗："鬼莫敢抗我"的倒装句，鬼不敢反抗我。

7　诞：荒诞。

8　瞷：jiàn，偷看。

9　角：动词，吹海螺。

10　首岑岑：头脑发胀。岑，cén。

在。稍前，骇颇定，木间砂乱下如初。又旋而角，角不能成音，走愈急。复至前，复如初。手栗气慑[1]不能角，角坠；振其铃，既而铃坠，惟大叫以行。行，闻履声及叶鸣谷响，亦皆以为鬼。号，求救于人甚哀。夜半，抵家，大哭叩门。其妻问故，舌缩不能言，惟指床曰："巫扶吾寝，吾遇鬼，今死矣。"扶至床，胆裂，死，肤色如蓝。巫至死不知其非鬼。"比喻玩弄手段蒙骗人。

1　栗：战栗，发抖。慑：害怕。

55 中山狼传

【经典故事】

东郭先生骑着跛脚的毛驴，背了一袋书，打算到中山国谋求官职。半路上，一只流着血的狼跳到他的面前，哀求说："先生，我现在被猎人追杀，箭射中了我，差点没命。求您把我藏在背袋里，我会好好报答您的。"

虽然知道狼会吃人，但东郭先生看到受伤的狼很可怜，不禁心软，考虑了一下就说："既然你苦苦哀求，我就想办法救你吧！"于是要狼蜷曲四肢，再用绳子捆住，尽量让它的身体缩得更小，以便装进背袋。

不一会，猎人赵简子[2]追了上来，找不到狼，气得拔剑就

1　马中锡：（约公元1446—1512年），字天禄，号东田。著有《东田集》，其中以寓言《中山狼传》最脍炙人口。原文篇幅颇长，本书加以浓缩改写。

2　赵简子：名鞅。春秋时晋国的大夫，这里是假托的人物。

往车头砍去，骂道："如果敢隐瞒狼的行踪，下场就像这辆车！"东郭先生吓得趴在地上说："我知道狼很可怕，如果您能除掉它，我该助您一臂之力，不会隐瞒！"赵简子相信了，便朝别的方向追去。

狼听见马蹄的声音远去了，就说："求您放我出去，让我逃生吧！"东郭先生就把狼放了出来，不料狼却露出獠牙咆哮说："你既然救了我，索性好事做到底！现在我饿了，如果饿死了，你就白救了，不如让我吃掉你！"狼张牙舞爪地扑向东郭先生，东郭先生只好空手博斗，嘴里不断喊道"忘恩负义"。

这时有个老人拄着拐杖经过，东郭先生急忙请老人评理。狼却完全否认救命的事，反而说东郭先生想将它闷死在背袋里。老人想了想，说："你们的话我都不信，这口袋这么小，怎可能装得下狼呢？请狼再进去袋里，让我评断一下。"狼同意了，又让东郭先生用绳子捆起来，将自己装进了口袋。

老人立即把口袋绑紧，对东郭先生说："这种害人的野兽不会改变本性，你对狼仁慈，简直是笨蛋！"说完便大笑起来。东郭先生这才恍然大悟，非常感谢老人，于是将狼杀死丢弃在路旁，继续赶路去了。

诗佳老师说

　　狼吃人的本性，并不会因为其他因素而改变，就像故事中的狼，不管东郭先生对它有没有恩惠，等到它肚子饿了，终究是要吃人的。社会上也存在许多类似狼的恶人，这种人擅长伪装，他们懂得掩饰自己狰狞的面目，而以知书达礼、故意示弱等伪装来降低人们的心防，使人防不胜防。

　　东郭先生的迂腐则正好跟狼做个对比。东郭先生不加判断、不分对象就去救狼，滥施仁慈，明明知道狼"性贪而狼"，他仍然坚信要爱一切人，认为这样才是与人为善，这种迂腐思想，比起中山狼的狠毒，同样地具有警世意义。

别怕，我会救你的!

不小心被恶人欺骗，是意外；明知对方是恶人还上当，则是愚蠢。

《经典知识》

相关成语：

"狼心狗肺" "人面兽心"

出处

《东田集》（节录）："东郭先生将北适中山以干仕，策蹇驴[1]，囊[2]图书，夙行失道[3]。狼奄至[4]，引首顾

1　策：马鞭，骑。蹇：jiǎn，跛脚。
2　囊：náng，用布袋装着，动词。
3　夙行：清早赶路。失道：迷路
4　奄至：突然来到。

曰："先生岂有志于济物哉？何不使我得早处囊中以苟延残喘乎？异时倘得脱颖而出[1]，先生之恩，生死而肉骨[2]也。"乃出图书，空囊橐，徐徐焉实狼其中。已而简子至，求狼弗得，盛怒，拔剑斩辕端示先生，骂曰："敢讳[3]狼方向者，有如此辕！"先生伏踬就地[4]，匍匐以进，跽[5]而言曰："鄙人虽愚，独不知夫狼乎？性贪而狠，党豺为虐，君能除之，固当窥左足[6]以效微劳，又肯讳之而不言哉？"简子默然，回车就道。良久，羽旄之影渐没，车马之音不闻。狼度简子之去已远，而作声囊中曰："先生可留意矣。出我囊，解我缚，拔矢我臂，我将逝矣！"先生举手出狼，狼咆哮谓先生曰："我馁[7]甚，馁不得食，亦终必亡而已。先生何吝一躯啖我而全微命乎？"遂鼓吻奋爪[8]以向先生。"形容人的坏心肠像狼一样凶狠恶毒。

---

1 脱颖而出：颖，锥子尖。锥子的尖头从袋子钻出，比喻出人头地。

2 生死而肉骨：使死者复生，枯骨长肉。生、肉，动词。

3 讳：huì，隐瞒。

4 伏踬就地：伏倒在地上。踬，zhì。

5 跽：jì，长跪，双膝跪地，上身挺立。

6 窥左足：略一举步。举手之劳的意思。

7 馁：饥饿。

8 鼓吻奋爪：鼓起嘴，挥舞脚爪。形容张牙舞爪的样子。

56 医驼

【经典故事】

有个医生对人自我介绍，说他能治好驼背。他说："无论是驼得像弓那样弯的，或像虾那样的，还是弯曲得像铁环儿的，只要来请我医治，保证早上治疗，晚上病人的背就会像箭一样直了。"将自己的医术说得活灵活现的。

有个人听说了，就兴冲冲地请医生来治驼背。

这医生向人要来两块很大很大的木板，先把一块放在地上，然后叫驼背的病人趴在板子上，再用另一块板子压在驼背上面，然后伸脚踏上去，使劲地踩呀踩，踏呀踏，果然驼背很快就弄直了，但是病人也立刻背断腰折，被踩断了气。

1　江盈科：（公元1553年—1605年）字进之，号雪涛，又号绿萝山人。著有《雪涛阁集》，其中的《雪涛小说》、《雪涛谐史》有一些精采的寓言故事。

病人的儿子想到官府去告医生，医生却说："我的职业是治驼背，只管把驼背弄直，才不管人是死的还是活的！"

诗佳老师说

我们做事如果只求达到目的，过程却不择手段，完全不去考虑可能发生的危机，就会像故事里的医生治驼，只管医好驼背，却不管别人的死活，到最后只能将事情越办越糟。看问题、解决问题不能只从表面着手，还要透过表象认识本质，才能将事情处理好，也不能只想着满足私欲而不顾他人的感受。

作者主要讽刺当时的地方官员，他们只管收税金，向百姓要钱粮，却不愿意善待百姓，不思考收取重税之后对民生造成的影响，这与那个治驼背的医生"但管人直，那管人死"的做法，有什么不同呢？故事的寓意对照社会现实，既诙谐有趣，又犀利深刻，到现在仍具有积极的意义。

医生为了达到医驼的目的而不择手段，不但损人更不利己。

经典知识

相关成语：

"损人利己" "不顾死活"

出处

《雪涛阁集》："昔有医人，自媒[1]能治驼背，

曰："如弓者，如虾者，如曲环者，延[2]吾治，可朝治而

1　自媒：自我介绍。

2　延：请。

夕如矢[1]。"一人信焉而使治驼。乃索板二片，以一置地下，卧驼者其上，又以一压焉，即屣[2]焉。驼随直，亦复随死。其子欲鸣诸官[3]，医人曰："我业治驼，但管人直，那管人死？"呜呼！世为之令[4]，但管钱粮完[5]，不管百姓死，何以异于此医也哉！"形容对别人的立场或事情不多作关心和顾虑。

---

1 如矢：像箭一样直。

2 屣：xǐ，鞋，此为名词用作动词，用脚踩。

3 鸣诸官：告官府。

4 令：指县令等地方官员。

5 完：只收完税金。

57 黑齿白牙

清·石成金[1]《笑得好》

【经典故事】

两个歌伎[2]都生得貌美如花，一个牙齿乌黑，另一个牙齿却异常雪白。黑牙的歌伎总是想方设法地遮掩她的黑牙，白牙的歌伎却千方百计地炫耀她的白牙。

这天，剧场里来了几个有钱的客人，酒酣耳热之时，大家便想捉弄一番这两位歌伎。有位客人先问黑齿伎："你姓什么？"只见黑齿女将小嘴儿紧紧地闭着，鼓起粉嫩的脸颊，犹豫了老半天，声音才在喉间打转回答："姓顾。"客人又问："今年多大年纪了？"黑齿伎又鼓起腮帮子答道："年十五。"客人再问："你会做些什么呢？"黑齿伎又在喉间发出如蚊般的细声，答："会敲鼓。"

---

1 石成金：字天基，号惺斋。著有《笑得好》，是笑话集，虽然名为笑话，实际上是发人深省的寓言。
2 歌伎：歌女。

接着，客人转过头来，又问白齿的歌伎姓什么？只见白齿伎咧着大嘴，使力将嘴角尽量往后扬，让满口雪白灿烂的白牙露出来，道："姓秦。"客人又问她今年几岁？白齿伎又翻着嘴唇，将晶莹的贝齿露出来说："年十七。"客人再问她会什么？白齿伎又将嘴咧得更大，唇翻得更开，让白齿尽露，说："会弹琴。"

诗佳老师说

作者在篇末评道："今人略有坏事，就多方遮掩；略有好事，就逢人卖弄；如此二妓者，真是不少。最可笑者，才有些银钱，便满脸堆富；才读得几句书，便到处批评人，显得自己大有才学；才做得几件平常事，便夸张多么能干。看起来，总似这齿白之娼妇也。"说明了故事寓意正是讽刺某些人的虚伪与浮夸。

黑齿女怕露黑齿，是因为有自知之明，虽然忙着掩饰丑态，但也还算情有可原。相比之下，白齿女就显得可笑了，只是稍有些长处，就迫不及待大肆宣扬，生怕别人不知道。现今有些人做事不求务实，才刚开始做一件事，还没有结果，便急着露脸、抢功劳，为自己树立虚假的形象，正如这个白齿女一般浅薄啊！

你们爱吃什么啊？

爱吃猪。

爱吃鸡。

极力掩盖黑齿或努力露出白牙其实都是出于一种自卑的心理。

经典知识

相关成语：

"弄虚作假" "好自矜夸"

出处

《笑得好》："有二娼妓，一妓牙齿生得乌黑，一妓牙齿生得雪白。一欲掩黑，一欲显白。有人问齿黑者："姓甚？"其妓将口紧闭，鼓一鼓，在喉中答应："姓顾。"问："多少年纪？"又鼓起腮答："年十五。"问："能甚的？"又在喉中答："会敲鼓。"又问齿白者："何姓？"其妓将口一呲[1]，答："姓秦。"问："青春几岁？"口又一呲，答："年十七。"问："会件什么事？"又将口一大呲，白齿尽露，说道："会弹琴。"形容人骄傲自满，浮夸做作，喜欢夸耀自己。

---

1 呲：cī，露出牙齿的嘴型，呲牙裂嘴的意思。

58 选择

现代 · 高诗佳

【经典故事】

　　不同村的两只蚂蚁出远门，道上相遇，决定同行。路上无聊便说起家乡事来。其中一只蚂蚁住在唤作东村的地方，那是在河岸上游离水较远偏东，地势高，由上往下望，一片美好风景映入眼帘，花木扶疏，土壤肥沃，正适合钻地造窝兼囤粮。另一只住在下游荒僻处唤作西村，由于经年累月被溪水冲刷，花草土壤都被带光了，只磨了满河床的鹅卵石。据悉前一日，西村红蚂蚁大哥，那只背上有红色斑点的，整个儿家当[1]连同家眷[2]都给水卷走了。西村蚁叹："世道不好哇！连水都来欺负咱！"东村蚁恻然[3]："如此百年难得一见的水灾，倒

1　家当：家中所有的财产。

2　家眷：一家的眷属、家人。

3　恻然：恻，cè，悲伤的样子。

也稀罕。"西村蚁垂首[1]暗想："百年？百日[2]吧……"东村蚁见状，安慰道："西村虽不大合人住，但倘若小住几日，倒还有些荒野奇趣。你该来东村走走，我们资源丰富，什么都有，多便利！"西村蚁大着嗓门回道："咱去过东村几次，那儿到处钻了家窝，咱简直没站的地方！资源多，可也不一定轮得到咱，不然您老也不必巴巴儿地[3]出走啦！"东村蚁亦垂首。两蚁一时无言，双双弓着背，直往那夕阳西下的彩云边儿上走了。

诗佳老师说

两只蚂蚁出远门在路上相遇，说来不是什么大不了的事。至于路途无聊，相互开杠也是正常之事。只是说者无意、听者有心，实在是因为这东村与西村的差别，根本是天堂与地狱：前者风景美好、粮食富足，生活便利得不得了；后者土地贫瘠、洪荒遍野，时时得担心连家眷都给水卷走。

1　垂首：沮丧的样子。

2　百日：人死后满一百天，就请僧、道设道场诵经祭拜。这里有讽刺的意思。

3　巴巴儿地：特地的。

虽说如此，西村蚁却也并不羡慕，因为东村过度开发，拥挤得不得了，要在那想安居乐业并不是件容易的事。至于东村蚁，一副不知民间疾苦、眼睛长在头上的回应，则让人直觉想到不食肉糜的晋惠帝。故事的最后，两蚁双双弓着背走向夕阳的那端，可见家家有本难念的经，天堂中有地狱，地狱之中也有天堂。

世界上不存在完美，我们所羡慕的人同时也在承受着他们的不如意。

经典知识

"临渊羡鱼""好高骛远""这山望见那山高"，
比喻好高骛远，不安于本职，老是觉得别的工作或环境
比目前好。

59 公主

现代·高诗佳

【经典故事】

很久以前，为了验明公主的身份，就在她的床垫下放了一颗豌豆。隔天公主表示睡得很不舒服，因此证明了她的身份。但这种方法不管用了，毕竟真正的公主不是小小豌豆就能鉴别出来，现在需要的是更精细的鉴别法。

碗豆公主只要有一点点不舒服，就会立刻反应出来。带她去餐厅吃饭吧，点一道招牌菜，公主会优雅地吃几口，随即放下筷子正色道："真怀疑你的品味！以后不要带我来这里了。"测试她的观察力吧，服务生送汤来，真正的公主只要看一眼就会说："这碗有裂痕，很危险的！"仔细看，才会发现那是一条细细的、不知是花纹还是裂痕的"纹"。但公主是很优雅的，还是会忍耐着再喝两口。

真正的公主必定有一双疼爱她的父母亲。问她是否受宠爱？公主会答道："当然！从小爸妈都会帮我把难咬的食物，先帮我切好、处理好，再放到碗里，所以我从来没有用手抓过食物吃！"

　　然而公主也有她的烦恼："所以后来和王子约会，我都不点麻烦的食物，除非他愿意帮我剥虾壳、撕鸡腿肉和切牛排。但是这样的王子不多，我简直快找不到对象了！"她懊恼得撑着头。

诗佳老师说

　　我们以前读童话，故事的最后总会告诉大家：从此公主与王子过着幸福快乐的日子。但是，这故事里的公主，却苦于找不到真正的王子。原因就在于：她有着过人的"鉴别力"。这种"公主病"让她容不下一颗豆子，让她喝汤也担心、计较碗上难以查见的裂痕，让她不断在生活中找碴，给别人难过，自己也难过。而追根究底，公主的娇贵就是被爸妈宠出来的。试问，一个从小都没用手抓过食物吃的人，怎么有办法去应付生活中的坑坑疤疤。不要说找不到愿意伺候的王子，就算有王子愿意，恐怕几天后也真的要申诉退货了。这印证了一句现代名言："要害你的孩子，最好的方式就是宠他（她）。"

他弹错了一个音，害我耳朵痛死了！

也许那不是公主病，只是天生敏感、经常需要维修的一种仿生机器人。

经典知识

相关成语：

"恃宠而骄""娇生惯养""娇子如杀子"，比喻人从小被宠爱、纵容，没有受过折磨和历练。